Zitate für Beruf und Karriere

Gisela Fichtl

4. Auflage

Bibliografische Information der deutschen Bibliothek
Die Deutsche Bibliothek verzeichnet diese Publikation in der Deutschen
Nationalbibliografie; detaillierte bibliografische Daten sind im Internet
über http://dnb.ddb.de abrufbar.

ISBN 978-3-448-08111-4
Bestell-Nr. 00649-0004

1. Auflage 2002 (ISBN 3-448-04857-7)
2., durchges. Auflage 2002 (ISBN 3-448-05207-8)
3., aktualisierte Auflage 2005 (ISBN 3-448-06956-6)
4., durchges. Auflage 2009

© 2009, Haufe Verlag GmbH & Co. KG, Niederlassung Planegg/München
Postanschrift: Postfach, 82142 Planegg
Hausanschrift: Fraunhoferstraße 5, 82152 Planegg
Fon (089) 89517-0, Fax (089) 89517-250
E-Mail: online@haufe.de
Internet: www.haufe.de
Lektorat: Dr. Ilonka Kunow
Redaktion: Jürgen Fischer
Redaktionsassistenz: Christine Rüber

Alle Rechte, auch die des auszugsweisen Nachdrucks, der fotomechanischen
Wiedergabe (einschließlich Mikrokopie) sowie der Auswertung durch Daten-
banken oder ähnliche Einrichtungen vorbehalten.

Satz + Layout: albin fendt S6-media, 82152 Planegg
Umschlaggestaltung: Agentur Buttgereit & Heidenreich, 45721 Haltern am See
Druck: freiburger graphische betriebe, 79108 Freiburg

Zur Herstellung der Bücher wird nur alterungsbeständiges Papier verwendet.

TaschenGuides – alles, was Sie wissen müssen

Für alle, die wenig Zeit haben und erfahren wollen, worauf es ankommt. Für Einsteiger und für Profis, die ihre Kenntnisse rasch auffrischen wollen.

Sie sparen Zeit und können das Wissen effizient umsetzen:

Kompetente Autoren erklären jedes Thema aktuell, leicht verständlich und praxisnah.

In der Gliederung finden Sie die wichtigsten Fragen und Probleme aus der Praxis.

Das übersichtliche Layout ermöglicht es Ihnen sich rasch zu orientieren.

Anleitungen „Schritt für Schritt", Checklisten und hilfreiche Tipps bieten Ihnen das nötige Werkzeug für Ihre Arbeit.

Als Schnelleinstieg die geeignete Arbeitsbasis für Gruppen in Organisationen und Betrieben.

Ihre Meinung interessiert uns! Mailen Sie einfach unter online@haufe.de an die TaschenGuide-Redaktion. Wir freuen uns auf Ihre Anregungen.

Inhalt

- 6 ■ **Vorwort**
- 7 ■ **Kleine Anleitung zum Zitieren**
- 8 ■ **Warum Zitieren?**
- 8   Lassen Sie sich die Überzeugungsarbeit abnehmen
- 10 ■ **Wie Sie Zitate geschickt einsetzen**
- 13   Zitieren im richtigen Moment
- 15   Das richtige Zitat wählen
- 16   Die wichtigsten Grundregeln zum erfolgreichen Zitieren
- 18 ■ **Wie Sie stets das passende Zitat parat haben**
- 18   Woher das richtige Zitat nehmen?
- 20   Wie Sie sich Zitate merken können
- 21   Wie Sie diesen TaschenGuide effizient nutzen
- 23 ■ **Zitate für Beruf und Karriere**
- 24 ■ **Machen Sie doch einfach Karriere**
- 26   Selbstmanagement / Selbstorganisation
- 36 ■ **Motivieren Sie sich und andere**
- 42   Mut machen
- 51   Stimmungstief bei Mitarbeitern und Kollegen
- 56 ■ **Leisten Sie Überzeugungsarbeit**
- 57   Marketing und Werbung
- 69   Verkaufen / Vertrieb

Kundenbindung und Beschwerdemanagement	73
Qualitätsmanagement	81
Umweltschutz / Ökomanagement	85
Präsentation ■	**91**
Neue Ideen durchsetzen	96
Fortschritt / Innovation / Forschung und Entwicklung	104
Globalisierung	120
Lernen im Unternehmen / Fortbildung	124
Zusammenarbeit / Kooperation / Teamarbeit	131
Besprechungen	135
Warnungen aussprechen	146
Verhandeln und Verträge abschließen	153
Lernen am Erfolg / Benchmarking	158
Produktion / Technik / Computer	160
Börse / Geld und Finanzen	166
Kennzahlen / Statistik / Bilanzen	180
Pressearbeit / Public Relations	183
Konflikte meistern ■	**187**
Schlechte Atmosphäre zwischen den Kollegen	190
Mit Pannen und Misserfolgen umgehen	197
Diskussionen drehen sich im Kreis	208
Betriebsblindheit	213
Literatur ■	**217**
Stichwort- und Autorenverzeichnis ■	**219**

Vorwort

Wer heute in seinem Beruf weiterkommen will, braucht vor allem eines: ausgeprägte kommunikative Fähigkeiten. Denn die beste Fachkompetenz nützt nichts, wenn man sein Wissen nicht gut präsentieren kann. Dann machen Sie zwar einen guten Job, aber noch lange nicht Karriere. Ein griffiges Statement zum Thema Globalisierung, ein passendes Zitat eines anerkannten Marketingfachmanns oder ein witzig ins Gespräch eingestreuter Spruch eines Dichters – all dies kann Ihnen helfen, sich kompetent zu zeigen und Sympathien zu gewinnen.

In diesem TaschenGuide finden Sie Zitate rund um Berufsleben, Erfolg und Karriere – nach Berufssituationen sortiert. So haben Sie schnell ein Zitat griffbereit, wenn Sie etwas Bestimmtes suchen. Aber nicht nur das: Oft werden Sie ein Zitat einer Situation zugeordnet finden, in der es Sie überrascht oder gar zum Lachen bringt – dieselbe Reaktion ist auch zu erwarten, wenn Sie das Zitat entsprechend einsetzen.

Doch Vorsicht beim Zitieren – nicht immer kommt ein scheinbar passendes Zitat bei den anderen so gut an. Man kennt die rasch ausgetauschten, amüsierten Blicke, wenn ein Kollege an falscher Stelle meint, mit seiner Bildung prahlen zu müssen. Sie erfahren daher auch, was Sie beim Zitieren beachten müssen, um die gewünschte Wirkung zu erzielen, und schließlich – damit Ihnen das Zitat auch locker von der Zunge geht – wie Sie sich Zitate ganz einfach merken können.

Gisela Fichtl

Kleine Anleitung zum Zitieren

Zitate sind das Gewürz eines Gesprächsbeitrages, mit dem Sie sparsam umgehen sollten, wenn Sie Ihren Gesprächspartnern nicht den Appetit verderben wollen.
In diesem Kapitel erfahren Sie, was es sonst noch beim Zitieren zu beachten gilt.

Warum Zitieren?

Zitieren ist eine wunderbare Sache. Wir blicken auf eine lange Schriftkultur zurück – seit Jahrtausenden schon kämpfen die Menschen mit ähnlichen Problemen – und finden Lösungen. Wäre es nicht geradezu dumm, diesen Schatz nicht lebendig zu erhalten? Auch das Rad wird schließlich nicht täglich neu erfunden. In Zitaten ruht ein Wissensschatz, dessen Ressourcen wir nutzen sollten. Denn:

> Ein guter Spruch ist die Wahrheit eines ganzen Buches in einem einzigen Satz.
>
> *Theodor Fontane, dt. Schriftsteller, 1819–1898*

Lassen Sie sich die Überzeugungsarbeit abnehmen

Wer einmal den Reiz von Zitaten entdeckt hat, kann sich ihm kaum mehr entziehen – besonders wenn man beruflich an exponierter Stelle steht, häufig repräsentieren muss. Zitate sind schöpferische Quellen, die die Ideenfindung erleichtern und Anregungen geben. Das Schmökern in einer guten Zitatensammlung ist eine hervorragende Hilfe dabei, den eigenen Standpunkt zu finden und zu formulieren. Wer einen Vortrag vorbereiten muss, ist in der Regel dankbar, wenn er ein Mittel an die Hand bekommt, das ihm hilft, dem Text Struktur zu geben.

Wozu soll man sich lange und umständlich mit Formulierungen quälen, wenn Sokrates, Schiller oder Woody Allen es schon viel treffender gesagt haben? Ein prägnantes Zitat bringt auf den Punkt, was Sie zu einem bestimmten Problem zu sagen haben. Wer seine Argumente mit Zitaten stützen kann, holt sich Schützenhilfe von prominenter Seite und stärkt die Überzeugungskraft des eigenen Arguments.

Dabei ist das nur *ein* positiver Effekt, denn nicht nur Ihre Argumentation wird gestützt, wenn Sie mit Zitaten und Anekdoten arbeiten. Zitate, Witze oder Anekdoten wirken wie Landmarken, die es den Zuhörern erleichtern, das Gesagte besser zu behalten: Das Zitat, mit dem Sie Ihren Beitrag abgeschlossen haben, oder den Witz, den Sie zum Thema erzählt haben, werden Ihre Zuhörer in Erinnerung behalten – und damit auch Ihre Argumente und die Quintessenz Ihrer Rede. Es ist fast schon zum Gemeinplatz geworden, dass eine gute Rede – ob vom Podium herab gesprochen oder inmitten von Kollegen in einer normalen Sitzung – nicht nur den Verstand anspricht, sondern auch eine emotionale Dimension hat. Mit einem originellen Zitat an geeigneter Stelle kann es Ihnen gelingen positive Gefühle bei Ihren Zuhörern auszulösen.

Mit Zitaten können Sie:
- eine Rede einleiten, ihr einen Wendepunkt geben
- oder einen pointierten Schluss verleihen,
- komplexe Argumente auf den Punkt bringen,

- schwierige Gesprächssituationen auflockern,
- mit dem Blick über den Tellerrand Sympathien gewinnen,
- Ihre Argumente von prominenter Seite unterstützen lassen,
- signalisieren, dass eine als einmalig empfundene Situation durchaus historische Parallelen kennt und andere für dieselben Probleme schon Lösungen gefunden haben,
- zeigen, dass Sie für andere Sichtweisen offen sind und sich umfassend mit dem Thema auseinander gesetzt haben.

Damit Ihre Zitate auch so ankommen, wie Sie es sich wünschen, sollten Sie einige Grundsätze beachten. Der wichtigste sei schon vorweggenommen: Verwenden Sie nur Zitate, die zu Ihnen passen, und lassen Sie sich nicht verführen, sich mit Zitaten zu schmücken, die zwar gut klingen, die Ihnen persönlich aber eigentlich nichts sagen. Bleiben Sie authentisch, auch wenn Sie „fremde Weisheiten" aussprechen.

Wie Sie Zitate geschickt einsetzen

> So ein paar grundgelehrte Zitate zieren den ganzen Menschen.
>
> *Heinrich Heine, dt. Dichter und Publizist, 1797–1856*

Angeben gilt nicht

Verwenden Sie Zitate nicht, um mit Ihrer Bildung zu prahlen, und tun Sie es vor allem nicht allzu häufig. Zitate sind ein edles, vornehmes Gewürz – aber sie sind kein Nahrungsmittel. Setzen Sie Zitate entsprechend sparsam ein, sonst werden sie nicht mehr gehört und verfehlen ihre Wirkung. Und nicht nur das: Über kurz oder lang wird Ihnen der Ruf des „Sprüchemachers" vorauseilen, ein Ruf, der für Ihre Karriere fatale Folgen haben kann: Wem man nicht mehr zuhört, der wird auch nicht mehr ernst genommen.

Bleiben Sie bescheiden

Vermeiden Sie Totschlag-Einleitungen à la: „Und wie schon Parmenides sagte: ...". Bereits vor dem Doppelpunkt haben Sie Ihre Zuhörer verloren und sich um einen guten Teil ihrer Sympathie gebracht. Denn in dieser Formel steckt eine arrogant wirkende Verbrüderung mit der zitierten Geistesgröße: „Parmenides und ICH denken, dass ..." Leider kann man sich mit solchen Formeln nicht zu den Geistesgrößen hinaufschwingen, die man zitiert, man zieht sie vielmehr zu sich herab. Die gewünschte Wirkung ist damit verspielt. Besser ist die schlichtere Variante: „Parmenides sagt: ...". Sie können – statt es vorab zu sagen – auch erst nach dem Zitat den Autor nennen: „ ..., soweit Wilhelm Busch." Wenn Sie Ihr Zitat kommentieren wollen, ist es ohnehin besser, den Autor erst danach zu nennen: „Dieses Zitat von Parmenides eröffnet eine ganz neue Sichtweise ...". Gerade in einer Rede können

Sie mit diesem kleinen Trick Spannung bei Ihren Zuhörern erreichen.

Ein souveräner Umgang mit Zitaten wirkt sympathisch. Der Fähigkeit, sich kluge Erkenntnisse anderer zu Nutze zu machen und sie gleichzeitig zu respektieren, wird selbst Respekt gezollt. In solchem Licht erscheinen Sie als gebildet und belesen.

Vorsicht Quelle!
Andererseits verzichten Sie lieber auf ein noch so überzeugendes Zitat, wenn Sie nicht genau wissen, was es mit Ihrem Zitatgeber auf sich hat, denn das kann leicht schief gehen. Wer vor einer Gruppe junger Unternehmerinnen Schopenhauer zitiert, der als notorischer Frauenhasser bekannt ist, könnte mit der Wirkung Pech haben.

Das Renommee des Zitatgebers ist also wichtig. Konnte man vor dem VW-Skandal Peter Hartz noch als erfolgreichen Personalentwickler zitieren, wird man sich heute mit seinen Statements das beste Argument kaputtmachen. Gegner greifen gerne zu Sprüchen wie: „Ja, wenn Sie mir mit dem kommen. Hat der nicht die Veruntreuung von Geldern gebilligt?" Als Trick können Sie dem erwarteten Widerspruch freilich auch vorauseilen: „Wir wissen, dass sich Schopenhauer nicht gerade als Optimist und vor allem nicht als Verehrer der Frauen einen Namen gemacht hat, doch stammt von ihm ein Gedanke, der mir in unserem Zusammenhang höchst interessant scheint ..."

Kein erhobener Zeigefinger

An dieser Stelle sei noch eine kleine Warnung angefügt: Viele der gängigen Zitate aus den Zitatenschätzen der Weltliteratur haben einen lehrhaften Duktus, den wir heute oft als unangenehm und bevormundend empfinden. Sie sollten Ihren Mitarbeitern und Kollegen gegenüber äußerst vorsichtig mit solchen Zitaten umgehen – mag ihre Aussage noch so treffend sein. Natürlich können Sie sie trotzdem verwenden, doch sollten Sie es mit Bedacht tun, am besten, Sie beziehen sie auf sich selbst, damit es nicht nach erhobenem Zeigefinger aussieht. Auch die Flucht nach vorne ist ein probates Mittel – sagen Sie einfach ganz offen, dass sich das Zitat recht altbacken anhört, dass dies der Wahrheit, die dahintersteckt, aber keinen Abbruch tut. Ihnen selbst können diese Zitate unbenommen als Motto für Ihre Arbeit oder gar für Ihr Leben dienen – und das dürfen Sie ruhig auch öffentlich zugeben.

Zitieren im richtigen Moment

> Eine Sammlung von Anekdoten und Maximen ist für den Weltmann der größte Schatz, wenn er die ersten an schicklichen Orten ins Gespräch einzustreuen, der letzten im treffenden Falle sich zu erinnern weiß.
>
> *Johann Wolfgang von Goethe, dt. Dichter, 1749–1832*

Ein geschickt eingesetztes Zitat zum richtigen Zeitpunkt kann nicht nur umständliche Erläuterungen überflüssig machen. Es lässt auch aufhorchen, weil es den gleichmäßigen Redefluss unterbricht – andere Worte, ein anderer Tonfall. Und Zitate entführen in eine andere Welt als die, von der gerade die Rede ist. Das schafft oft genau den Abstand zu einer Sache, den man braucht, um sie besser, sachlicher einzuschätzen.

> Ein Aphorismus ist für eine lange Gedankenkette der kürzeste und schönste Faden.
>
> *Carl August Emge, dt. Schriftsteller, 1886–1970*

In schwierigen Situationen Zitate vermeiden

Zitieren ist also vor allem dann sinnvoll, wenn Sie auflockern und neue Denkansätze anregen wollen – in Sitzungen, Reden, bei Geschäftsessen und ähnlichen Situationen. Wenn es hingegen unangenehm wird, wenn Sie selbst oder Ihr Gesprächspartner vom Inhalt des Gesprächs persönlich stark betroffen sind, sollten Sie allerdings sehr vorsichtig mit Zitaten umgehen. Die Versuchung ist groß, sich in solchen Momenten auf die Worte anderer zurückzuziehen. Eine Kündigung oder ein Todesfall, eine schwere Krankheit in der Familie eines Mitarbeiters oder finanzielle Probleme Ihres Betriebes, die Entlassungen erforderlich machen – überlassen Sie es nicht den Worten anderer, Ihre persönliche Betroffenheit auszudrücken. Ihre Zuhörer oder Gesprächspartner können Zitate allzu leicht als zynisch empfinden. Eine Ausnahme sind öffentliche Trauerreden, wo ein gut gewähltes Zitat durchaus Trost spenden kann.

Das richtige Zitat wählen

Ein gutes Zitat zu finden, ist erst der Anfang der Kunst. Es ist Ihre kreative Leistung, welche Zitate Sie für welche Situationen auswählen.

Wählen Sie nicht nur bestätigende Zitate

Oft kann ein eher langweiliges Zitat in einer bestimmten Situation gerade deshalb einschlagen, weil man es mit dem Gesprächsthema zunächst nicht in Verbindung gebracht hätte. Sortieren Sie ein Zitat auch dann nicht gleich aus, wenn es quer zu Ihrer Argumentation läuft. Lassen Sie Ihre Fantasie ein wenig spielen, drehen Sie Situationen um. Wenn Sie ein Zitat gewählt haben, das gerade das Gegenteil von dem behauptet, was Sie sagen wollen, wird das die Zuhörer zunächst schockieren oder zum Lachen bringen, auf jeden Fall aber bindet es ihre Aufmerksamkeit. Wenn Sie sich dann gegen den Inhalt des Zitates absetzen, haben Sie auf elegante Weise schon einige mögliche Gegenargumente geschlagen. Spielen Sie mit der Überraschung Ihrer Gesprächspartner oder Zuhörer!

> Ein Aphorismus, der lebhaften Widerspruch auslöst, hat seinen Sinn fast ebenso wenig verfehlt wie einer, der rasche Zustimmung findet.
> *Joachim Günther, dt. Publizist, 1905–1990*

Stellen Sie den aktuellen Bezug her

Eine weitere Möglichkeit, sich aktive Zuhörer zu schaffen, sind aktuelle Anspielungen. Erzählen Sie, was Ihnen heute Morgen mit Ihrer Tochter passiert ist, wenn es sich als Aufhänger zu Ihrem Sitzungsthema anbietet, oder wenn das Erlebnis eine Idee unterstützt, die Sie vorstellen wollen. Wenn Sie an einem 22. März eine Rede halten müssen, erinnern Sie daran, dass gerade heute Goethes Todestag ist, und zitieren Sie ihn zum Thema der Rede. Oder bringen Sie einen passenden Ausspruch eines Wirtschaftsvertreters, den Sie morgens in der Zeitung gelesen haben. Der Fantasie sind keine Grenzen gesetzt. Einen guten Redner – ob im kleinen Kreis oder vor vielen Zuhörern – zeichnet es gerade aus, dass er sein Thema in einen größeren Kontext einbetten kann. Und das ist keine Frage des Talents, sondern reine Übungssache. Suchen Sie ganz gezielt nach solchen Aufhängern und Parallelen in Ihrem Alltagsleben.

Die wichtigsten Grundregeln zum erfolgreichen Zitieren

> Den Witz eines Witzigen erzählen heißt bloß: einen Pfeil aufheben. Wie er abgeschossen wurde, sagt das Zitat nicht.
>
> *Karl Kraus, österr. Schriftsteller und Kritiker, 1874–1936*

Setzen Sie Zitate sparsam ein.

- Vermeiden Sie Eingangsformeln in der Art „Und wie schon Kant sagte, ...", sagen Sie schlicht: „Kant sagte, ..." oder am Ende des Zitats „ ... , soweit Kant".
- Verwenden Sie nur Zitate, die Sie persönlich ansprechen, die Ihre Zustimmung oder Ablehnung geradezu herausfordern. Wenn ein Zitat zur hohlen Phrase wird, schaden Sie Ihrer Glaubwürdigkeit.
- Beim mündlichen Zitieren gilt: je kürzer, desto einprägsamer. Verwenden Sie nur Zitate, die man ohne langes Nachdenken verstehen kann.
- *Ausnahme*: Wenn Sie eine Rede mit einem Zitat beginnen oder enden, kann das Zitat schon mal länger und komplexer ausfallen, Sie müssen es dann allerdings langsam und gut prononciert vortragen.
- Achten Sie darauf, wen Sie zitieren. Ein schlechter Ruf des Zitierten kann das beste Zitat zunichte machen.
- Verwenden Sie dasselbe Zitat, dieselbe Anekdote in demselben Kreis nicht häufiger. Zitate sollten immer wohl durchdacht eingesetzt werden. Wenn sie allzu häufig gebraucht werden, kann man diesen Eindruck nicht mehr erwecken, mag das Zitat auch noch so passend sein.
- Scheuen Sie sich nicht, gereimte Zitate zu verwenden oder solche, deren Sprachduktus unserem heutigen fremd ist. Solche Zitate schaffen eine wohl tuende Zäsur und erhöhen die Aufmerksamkeit. Vorsicht aller-

dings bei Zitaten, die wie ein erhobener Zeigefinger wirken – solche Zitate müssen Sie kommentieren oder scherzhaft einfügen.

- Setzen Sie Zitate auch mal „gegen den Strich" ein, zum Beispiel Zitate, die Ihrer Position widersprechen. Überraschen Sie damit Ihre Gesprächspartner, und setzen Sie dann Ihre Argumentation dagegen.
- Mit Anekdoten auch aus Ihrem Privatleben können Sie nicht nur Schwung in Reden bringen, sie eignen sich auch hervorragend, um festgefahrene Diskussionen wieder zu beleben.

Wie Sie stets das passende Zitat parat haben

Vielleicht haben auch Sie jemanden im Bekanntenkreis, der die wunderbare Gabe hat, in allen möglichen Situationen passende Anekdoten und Zitate parat zu haben, und damit niemals aufdringlich wirkt, wohl aber geistreich und witzig. Wie macht er das nur? Er muss die Zitate einerseits irgendwo gefunden haben – nur wo? Zum anderen konnte er sie sich offensichtlich auch merken – aber wie?

Woher das richtige Zitat nehmen?

Zitate gibt es wie Sand am Meer, doch wehe, man braucht eine gute Einleitung für ein Wochenendseminar oder einen guten Schluss für eine Rede vor Kunden. Die meisten Zitatenschätze sind nach Stichworten geordnet – wie oft gibt man da nach zehn bis fünfzehn Zitaten frustriert die Suche auf. Dieser TaschenGuide ist deshalb nach Situationen aufgebaut, damit Sie gezielter suchen können. Meist sind es ja gerade die Zitate aus anderen Themenbereichen, die zu einer bestimmten Situation besonders gut passen.

Ihr persönliches Zitaterepertoire

Schaffen Sie sich darüber hinaus auch Ihr persönliches Zitaterepertoire. Schreiben Sie sich Zitate auf, die Ihnen gefallen, und notieren Sie dazu, für welche Situationen sie sich eignen könnten. Ob Sie sich einen elektronischen oder papiernen Zettelkasten zulegen: Erst mit Ihrem persönlichen Repertoire, das Sie laufend erweitern, werden Sie dahin gelangen, das passende Zitat parat zu haben, wenn Sie es brauchen. Und noch ein Tipp: Markieren Sie die Zitate, die Sie schon verwendet haben, am besten mit Datum und Angabe der Situation! Es ist zwar nicht tragisch, wenn man ein gutes Zitat im kleineren Kreis schon zum zweiten Mal einstreut, beim dritten und vierten Mal aber wird es peinlich. Bei Vorträgen müssen Sie ganz besonders darauf achten – wenn Ihre Zuhörer dieselbe Anekdote aus Ihrem Mund schon zum zweiten Mal hören, macht das Ihre ganze Rede kaputt.

Wir haben es oben schon angedeutet: Wenn Sie nach einem Zitat suchen, denken Sie auch einmal darüber nach, ob es nicht ein persönliches Erlebnis gibt, das Sie für Ihr

Thema verwenden können. Ein negatives Erlebnis bei Ihrem letzten Möbelkauf kann ein wunderbares Beispiel sein, wenn Sie Qualitätsmanagement in Ihrem Unternehmen einführen wollen. Ein Konflikt mit einem Kollegen, eine witzige Bemerkung Ihrer Tochter, ein kleines Malheur beim Frühstück – scheuen Sie sich nicht, solche persönlichen Elemente heranzuziehen, um Ihre Position deutlich zu machen oder Ihre Argumente zu stützen.

Wie Sie sich Zitate merken können

Ein Zitat oder einen guten Witz sofort parat zu haben – davon können die meisten nur träumen. Zwar hat man vor ein paar Tagen in der Zeitung den Ausspruch eines Aufsichtsratsvorsitzenden gelesen, den man unbedingt behalten wollte, will man ihn dann aber loswerden, bringt man ihn nicht mehr richtig zusammen. Die genialsten Witze und originellsten Sprüche – man hat sie zwar einmal gehört mit den besten Vorsätzen, sie sich zu merken, doch man erinnert sich nur noch daran, dass es diesen Witz gab oder bei welcher Gelegenheit man einen Spruch anbringen wollte. Es gibt einige Tricks, mit denen Sie gegensteuern können.

- Versuchen Sie sich zunächst auf einige wenige Zitate, Witze oder Anekdoten zu beschränken, die Sie sich umso besser einprägen. Sie müssen nicht gleich einen ganzes Seminarwochenende mit Zitaten und Anekdoten bestreiten wollen.

- Merken Sie sich Schlüsselwörter aus dem Zitat, dem Witz oder der Anekdote. Stellen Sie sich mithilfe dieser Schlüsselwörter den Inhalt des Zitats, die Handlung des Witzes oder der Anekdote so bildlich und realistisch wie möglich vor.
- Bilden Sie Assoziationen, die Sie mit den Schlüsselwörtern verknüpfen. Die Assoziationen können vollkommen verrückt oder banal sein – wenn Ihnen bei „Briefträger" ein Kleiderschrank einfällt, warum nicht?
- Schreiben Sie sich das Zitat auf, das Sie sich merken wollen, und hängen Sie den Zettel irgendwo an Ihrem Arbeitsplatz auf – so fällt immer wieder einmal der Blick darauf und Sie profitieren von diesem Wiederholungseffekt.
- Wenn Sie sich ein persönliches Zitaterepertoire angelegt haben, werfen Sie ab und zu mal einen Blick hinein. Denken Sie sich für jedes Zitat immer wieder neue Situationen aus, in denen es passend oder ganz besonders unpassend wäre.

Wie Sie diesen TaschenGuide effizient nutzen

Die Zitate in diesem Buch sind nach Situationen aus dem Berufsleben geordnet. Sie finden unter der Überschrift „Besprechungen" vor allem solche Zitate, die Sie während einer Besprechung einsetzen können, das Stichwort „Besprechung" muss dabei nicht im Zitat enthalten sein. In alle Kapitel sind aber auch immer wieder Zitate eingestreut, die sich zur Sache selbst äußern. Auf diese Weise können Sie sich also auch Denkanstöße zum Thema holen, die Ihnen für eine Präsentation oder für ein Treffen mit Geschäftspartnern nützen, ohne dass Sie die Zitate direkt einstreuen müssen. Das Buch lädt Sie neben seinem direkten Nutzeffekt auch ein wenig zum Schmökern ein – die besten Ideen entstehen bekanntlich in Situationen, wo man die Seele ein wenig baumeln lässt. Damit das Schmökern auch richtig Spaß macht, sind die Zitate weder chronologisch noch nach Autoren sortiert, sondern so, dass die untereinander stehenden Zitate in Dialog miteinander treten.

Unter jedem Zitat finden Sie nicht nur den Namen seines Urhebers, sondern auch dessen Lebensdaten und Funkion. Tatsächlich hat so manches Zitat seine Pointe auch darin, wann oder von wem es geäußert wurde. Das Zitat „Essen und Beischlaf sind die beiden großen Begierden des Mannes" wäre weniger witzig, wenn es nicht von Konfuzius stammte. Auch darauf sollten Sie bei der Suche nach dem passenden Zitat also achten.

Zitate für Beruf und Karriere

„Nicht Sprüche sind es, woran es fehlt; die Bücher sind voll davon. Woran es fehlt, sind Menschen, die sie anwenden."

Epiktet, griech. Philosoph, ca. 50–138

Machen Sie doch einfach Karriere

Karriere machen – wer wollte es nicht? Entsprechend vielfältig sind die Ratschläge, wie man sich auf den Stufen der Erfolgsleiter zu benehmen hat, will man tatsächlich oben ankommen. Vorab also ein paar Statements und Warnungen von Dichtern, Philosophen und Menschen, die es geschafft haben.

> Jeder Aufstieg in große Höhen geschieht auf einer Wendeltreppe.
> *Francis Bacon, engl. Philosoph und Politiker, 1561–1626*

> Am sichersten macht Karriere, wer den anderen den Eindruck vermittelt, es sei nützlich, ihm zu helfen.
> *Jean de La Bruyère, frz. Schriftsteller, 1645–1696*

> Es lohnt sich beim gesellschaftlichen Aufstieg freundlich zu den Mitmenschen zu sein, denn man begegnet ihnen später beim Abstieg wieder.
> *Richard Nixon, 37. Präsident der USA, 1913–1994*

> Wer seine Schweißtropfen zählt, wird nie sein Geld zählen.
> *Christian Friedrich Hebbel, dt. Dichter, 1813–1863*

> Nicht der Wind, sondern die Segel bestimmen den Kurs – auch in der Wirtschaft.
> *Michael Fuchs, ehem. Präsident des Bundesverbands des Deutschen Groß- und Außenhandels e.V., geb. 1949*

Karriere ist ein Pferd, das ohne Reiter vor dem Tor der Ewigkeit anlangt.
Karl Kraus, österr. Schriftsteller und Kritiker, 1874–1936

Ämter und Weiber muss man spät nehmen, um mutig und unbürgerlich zu bleiben.
Jean Paul, dt. Schriftsteller, 1763–1825

Die Menschen drängen sich zum Lichte, nicht um besser zu sehen, sondern um besser zu glänzen.
Friedrich Nietzsche, dt. Philosoph, 1844–1900

Es gibt zwei Möglichkeiten Karriere zu machen: Entweder man leistet wirklich etwas oder man behauptet, etwas zu leisten. Ich rate zu der ersten Methode, denn hier ist die Konkurrenz bei weitem nicht so groß!
Danny Kaye, amerik. Schauspieler, 1913–1987

Es gibt zwei Wege für den politischen Aufstieg: Entweder man passt sich an oder man legt sich quer.
Konrad Adenauer, dt. Politiker (CDU), 1876–1967

Formel für Karriere: Die rechte Phrase am rechten Platz.
Gerhart Hauptmann, dt. Schriftsteller, 1862–1946

Wenn man sich die Messlatte von vornherein so hoch legt, dass man sie schon beim ersten Versuch „reißt", kann daraus nur Frust entstehen.

Uwe Renald Müller, dt. Verleger und Autor, 1954–2006

Wer nicht beharrlich während der Blütezeit angeklagt hat, muss angesichts des Zusammenbruchs schweigen, und es ist nur recht und billig, dass der der den Erfolg angeprangert hat, auch über den Sturz zu Gericht sitzt.

Victor Hugo, frz. Dichter, 1802–1885

Was man von den Menschen behauptet, ob es wahr sein mag oder falsch, ist oft für ihr Leben und zumal ihr Geschick ebenso wichtig wie das, was sie tun.

Victor Hugo, frz. Dichter, 1802–1885

Selbstmanagement / Selbstorganisation

In diesem Kapitel finden Sie konkrete Tipps u. a. von Goethe, Wilhelm Busch, von Beate Uhse und Lee Iacocca für Ihren Karriereweg – wie Sie Ihre Arbeit am besten organisieren, aber auch Lebenseinstellungen, persönliche Statements und ironische Einwände, die sich mit typischen Verdrängungsmechanismen auseinander setzen. Anwenden können Sie diese Zitate in vielerlei Weise, indem Sie sie selbst in die Tat umsetzen, sie anderen als Orientierungshilfe an die Hand geben, Ihr eigenes Chaos selbstironisch kommentieren, einen Kollegen bei einer

Selbstmanagement / Selbstorganisation

Geburtstagsrede humorvoll mit seinen „Fehlern" konfrontieren, bei einer Antritts- oder Dankesrede Ihre Wertvorstellungen erläutern usw.

> Wenn ich als erfolgreicher Mann einen Rat zu geben hätte, dann diesen: Wer erfolgreich sein will, muss denken. Und zwar denken, bis es weh tut.
> *Roy Herbert Thomson of Fleet, kanad.-brit. Zeitungsverleger, 1894-1976*

> Eine Sache lernt man, indem man sie macht.
> *Cesare Pavese, ital. Schriftsteller, 1908-1950*

> Wer sich selbst anspornt, kommt weiter als der, welcher das beste Ross anspornt.
> *Johann Heinrich Pestalozzi, schweizer. Pädagoge, 1746-1827*

> Das edle: Ich will! hat keinen schlimmeren Feind als das feige, selbstbetrügerische: Ja, wenn ich wollte!
> *Marie von Ebner-Eschenbach, österr. Erzählerin, 1830-1916*

> Nichts erfordert mehr Geist, als nichts zu tun zu haben und trotzdem nichts zu tun.
> *Karl Heinrich Waggerl, österr. Schriftsteller, 1897-1973*

> Arbeit macht das Leben süß, macht es nie zur Last, der nur hat Bekümmernis, der die Arbeit hasst.
> *Gottlob Wilhelm Burmann, dt. Schriftsteller, 1737-1805*

Nicht, wie glücklich man lebt, ist entscheidend, sondern wie beglückend.
Wilhelm Busch, dt. Dichter und Maler, 1832-1908

Lebensklugheit bedeutet: alle Dinge möglichst wichtig, aber keines völlig ernst nehmen.
Arthur Schnitzler, österr. Schriftsteller, 1862-1931

Wenn du dich ärgerst, denk' daran:
Der Ärger ist ein blödes Vieh.
Er fängt am falschen Ende an
und frisst nur dich – den Anlass nie.
Karl-Heinz Söhler, dt. Publizist, 1923-2005

Das Ärgerliche am Ärger ist, dass man sich schadet, ohne anderen zu nützen.
Kurt Tucholsky, dt. Schriftsteller und Journalist, 1890-1935

Überstunden? – Cyril Parkinson gibt ein ernüchterndes Statement dazu und ist sich darin mit Sokrates ebenso einig wie mit Lee Iacocca. Über Stress und lange Arbeitszeiten zu klagen, käme demnach einem „Schuss nach hinten" gleich:

Der Fleißige hat die meiste Freizeit.
Cyril Northcote Parkinson, engl. Historiker, 1909-1993

Effizienz ist keine Frage der Zeit. Nur Dummköpfe machen regelmäßig Überstunden.
Lee Iacocca, amerik. Industriemanager, geb. 1924

Selbstmanagement / Selbstorganisation

Es ist nicht wenig Zeit, die wir haben, sondern viel Zeit, die wir nicht nutzen.
Sokrates, griech. Philosoph, ca. 470–399 v. Chr.

Fass kein Papier zweimal an.
Beate Uhse, dt. Unternehmerin, geb. 1919–2001

Mit gutem Beispiel voranzugehen, ist nicht nur der beste Weg, andere zu beeinflussen, es ist der einzige.
Albert Schweitzer, dt.-frz. Arzt und Kulturphilosoph, 1875–1965

Der ideale Mensch fühlt Freude, wenn er anderen einen Dienst erweisen kann.
Aristoteles, griech. Philosoph, 384–322 v. Chr.

Wer im eigenen Chaos unterzugehen droht, mag schon mal mit Sartre seufzen:

Der Mensch ist zur Freiheit verdammt. – L'homme est condamné à être libre.
Jean-Paul Sartre, frz. Philosoph und Schriftsteller, 1905–1980

Gegenüber der Fähigkeit, die Arbeit eines einzigen Tages sinnvoll zu ordnen, ist alles andere im Leben ein Kinderspiel.
Johann Wolfgang von Goethe, dt. Dichter, 1749–1832

Ich akzeptiere das Chaos, ich bin mir nicht sicher, ob es auch mich akzeptiert. – I accept chaos. I am not sure whether it accepts me.

Bob Dylan, amerik. Rockmusiker, geb. 1941

Gebraucht der Zeit, sie geht so schnell von hinnen,
Doch Ordnung lehrt Euch Zeit gewinnen.

Johann Wolfgang von Goethe, dt. Dichter, 1749-1832

Courage ist gut, aber Ausdauer ist besser. Ausdauer, das ist die Hauptsache.

Theodor Fontane, dt. Schriftsteller, 1819-1898

Die wahren Lebenskünstler sind bereits glücklich, wenn sie nicht unglücklich sind.

Jean Anouilh, frz. Dramatiker, 1910-1987

Noch nie war einer glücklich, welcher Unrecht tat.

Euripides, griech. Dichter, 485 oder 484 – 406 v. Chr.

Wenn der Mensch alles leisten soll, was man von ihm fordert, so muss er sich für mehr halten als er ist.

Johann Wolfgang von Goethe, dt. Dichter, 1749-1832

Wir unterschätzen keine Pflicht so sehr wie die Pflicht, glücklich zu sein.

Robert Louis Balfour Stevenson, schott. Schriftsteller, 1850-1894

Selbstmanagement / Selbstorganisation

Gib deine Illusionen nicht auf. Hast du sie verloren, so magst du zwar noch dein Dasein fristen, aber leben im eigentlichen Sinne kannst du nicht mehr. – Don't part with your illusions. When they are gone, you may still exist, but you have ceased to live.

Mark Twain, amerik. Schriftsteller, 1835–1910

Wenn mir eine Sache missfällt, so lasse ich sie liegen oder mache sie besser.

Johann Wolfgang von Goethe, dt. Dichter, 1749–1832

Enthaltsamkeit ist das Vergnügen
An Sachen, welche wir nicht kriegen.

Wilhelm Busch, dt. Dichter und Maler, 1832–1908

Willensstärke ist die Fähigkeit, beim Fernsehen aus einer vollen Schale nur eine Salzmandel zu essen.

Robert Lembke, dt. Journalist und Quizmaster, 1913–1989

Es ist leichter, den ersten Wunsch zu unterdrücken, als die folgenden zu erfüllen.

Benjamin Franklin, amerik. Schriftsteller und Politiker, 1706–1790

Man vermag nichts mit seiner Intelligenz, wenig mit seinem Geist, alles mit seinem Charakter.

Chamfort, frz. Schriftsteller, 1741–1794

> Wer über etwas lachen kann, befreit sich davon. – He who can laugh about something frees himself of it.
>
> *Cyril Northcote Parkinson, engl. Historiker, 1909-1993*

Ein positives Selbstbild – Grundvoraussetzung für den beruflichen Erfolg – und Selbstüberschätzung liegen oft gar nicht weit auseinander.

> Eigenliebe ist der Beginn einer lebenslangen Romanze. – To love oneself is the beginning of a lifelong romance.
>
> *Oscar Wilde, engl. Schriftsteller, 1856-1900*

> Wer in sich selbst verliebt ist, hat wenigstens den Vorteil, dass er nicht viele Nebenbuhler erhalten wird.
>
> *Georg Christoph Lichtenberg, dt. Schriftsteller, 1742-1799*

> Nichts hindert so sehr daran, natürlich zu sein, wie der Wunsch, es zu scheinen.
>
> *François de La Rochefoucauld, frz. Schriftsteller, 1613-1680*

> Wo die Eitelkeit anfängt, hört der Verstand auf.
>
> *Marie von Ebner-Eschenbach, österr. Erzählerin, 1830-1916*

> Seit ich nicht mehr mich selbst suche, führe ich das glücklichste Leben, das es geben kann.
>
> *Hl. Theresia von Lisieux, 1873-1897*

Selbstmanagement / Selbstorganisation

Mache aus deiner Arbeit einen Sport!
August Oetker, dt. Unternehmer, 1862-1918

Der Eifer der Arbeit wirkt oft in einer Stunde mehr als der mechanische, schläfrige Fleiß in drei Stunden.
Christian Fürchtegott Gellert, dt. Dichter, 1715-1769

Höhepunkt des Glücks ist es, wenn der Mensch bereit ist, das zu sein, was er ist.
Erasmus von Rotterdam, niederl. Humanist, 1466/1469-1536

Das Vergleichen ist das Ende des Glücks und der Anfang der Unzufriedenheit.
Søren Kierkegaard, dän. Philosoph, 1813-1855

Willst du dich selber erkennen, so sieh, wie die andern es treiben, willst du die andern verstehn, blick in dein eigenes Herz.
Friedrich Schiller, 1759-1805 und
Johann Wolfgang von Goethe, 1749-1832

Achte auf deine Gedanken! Sie sind der Anfang deiner Taten.
Chin. Weisheit

Willst du glücklich sein, dann lerne erst leiden.
Iwan Turgenjew, russ. Dichter, 1818-1883

Wenn man glücklich ist, soll man nicht noch glücklicher sein wollen.
Theodor Fontane, dt. Schriftsteller, 1819-1898

Fordere viel von dir selbst und erwarte wenig von anderen! So wird dir Ärger erspart bleiben.
Konfuzius, chin. Philosoph, 551–479 v. Chr.

Alle Menschen schieben auf und bereuen den Aufschub.
Georg Christoph Lichtenberg, dt. Schriftsteller, 1742–1799

Der Aufschub ist der Dieb der Zeit.
– Procrastination is the thief of time.
Edward Young, engl. Dichter, 1683–1765

Jeder von uns ist sein eigener Teufel, und wir machen uns diese Welt zur Hölle.
Oscar Wilde, engl. Schriftsteller, 1856–1900

Ohne unsere Fehler sind wir Nullen.
Arthur Miller, amerik. Schriftsteller, 1915–2005

Autorität ist das Vermögen, die Zustimmung anderer zu gewinnen.
Bertrand de Jouvenel, frz. Schriftsteller, 1903–1979

Neigungen zu haben und sie zu beherrschen ist rühmlicher als Neigungen zu meiden.
Novalis, dt. Dichter der Romantik, 1772–1801

Alle Beschränkung beglückt.
Arthur Schopenhauer, dt. Philosoph, 1788–1860

Selbstmanagement / Selbstorganisation

Man muss denken wie die wenigsten und reden wie die meisten.

Arthur Schopenhauer, dt. Philosoph, 1788-1860

Mit sich selbst in Frieden leben, ist wohl das höchste Glück auf Erden.

Matthias Claudius, dt. Dichter, 1740-1815

Es ist besser Ehrungen zu verdienen und nicht geehrt zu sein, als geehrt zu sein und es nicht zu verdienen.

Mark Twain, amerik. Schriftsteller, 1835-1910

Wer sich nicht selbst zum Besten haben kann, der ist gewiss nicht von den Besten.

Johann Wolfgang von Goethe, dt. Dichter, 1749-1832

Wer sich nicht selbst befiehlt, bleibt immer Knecht.

Johann Wolfgang von Goethe, dt. Dichter, 1749-1832

Von allen Lügen in der Welt sind manchmal die eigenen Ängste am schlimmsten.

Rudyard Kipling, engl. Schriftsteller, 1865-1936

Menschen, die Einfluss auf andere haben wollen, müssen darauf achten, dass sie nicht zu oft zu sehen sind.

Ricarda Huch, dt. Schriftstellerin, 1864-1947

Was Einsicht, Charakterfestigkeit und Glück miteinander zu tun haben? – Seneca wusste es:

> Der Einsichtige beherrscht sich selbst. Wer sich selbst beherrscht, bleibt charakterfest. Wer charakterfest ist, lässt sich nicht aus der Ruhe bringen. Wer sich nicht aus der Ruhe bringen lässt, kennt keine Traurigkeit. Wer keine Traurigkeit kennt, ist glücklich. Mithin ist der Einsichtige glücklich.
>
> *Lucius Annaeus Seneca, röm. Dichter, ca. 4 v. Chr. – 65 n. Chr.*

> Der zum Glück bestimmte Mensch braucht sich nicht zu beeilen.
>
> *Chin. Weisheit*

> Niemand ist frei, der nicht über sich selbst Herr ist.
>
> *Matthias Claudius, dt. Dichter, 1740–1815*

Motivieren Sie sich und andere

> Wie oft verglimmen die gewaltigsten Kräfte, weil kein Wind sie anbläst!
>
> *Jeremias Gotthelf, schweiz. Schriftsteller, 1797–1854*

Der Begriff „motivieren" ist mit dem lateinischen Wort „movere" = „bewegen" verwandt. Man vermag viel in Bewegung zu setzen, wenn man Ziele vor Augen hat, für die sich das Engagement lohnt. „Warum denn in die Ferne schweifen, wenn das Gute liegt so nah", lautet ein Sprichwort. Beim Motivieren kann genau das Gegenteil oft erfolgreicher sein. Fragen Sie auch nach Gründen sich zu engagieren, die über die Sache hinausweisen und sie einem größeren Ganzen zuordnen – gerade wenn die Sache selbst nicht schon auf den ersten Blick attraktiv erscheint.

> Wenn jemand etwas sehr gerne tut, so hat er fast immer etwas in der Sache, was die Sache nicht selbst ist.
> *Georg Christoph Lichtenberg, dt. Schriftsteller, 1742–1799*

Die wichtigste Motivationsquelle ist freilich die Anerkennung. Ohne Lob und positives Feedback – von welcher Seite auch immer – wird das größte Engagement im Alltagsmorast versacken. Sagen Sie Ihren Kollegen, wenn Ihnen etwas imponiert hat oder wenn Sie von Kunden Positives gehört haben. Wenn Sie selbst offen sind mit Lob, werden Ihre Kollegen Ihnen auch umgekehrt die Anerkennung nicht versagen.

> Lob ist eine gewaltige Antriebskraft, dessen Zauber seine Wirkung nie verfehlt.
> *Andor Foldes, ungar. Pianist und Dirigent, 1913–1992*

> Wenn gute Reden sie begleiten, dann fließt die Arbeit munter fort.
> *Friedrich Schiller, dt. Dichter, 1759–1805*

Motivation ist die durch das Erkennen hindurchgehende Kausalität.

Arthur Schopenhauer, dt. Philosoph, 1788-1860

Anerkennung braucht jedermann. Alle Eigenschaften können durch totale Gleichgültigkeit der Umgebung zu Grunde gerichtet werden.

Karl Leberecht Immermann, dt. Schriftsteller, 1796-1840

Das Bedürfnis hoher Anerkennung ist eines der Passiva, die auf den meisten ungewöhnlichen Begabungen ruhen.

Otto von Bismarck, dt. Politiker, 1815-1898

Treibet die Furcht aus! Dann ist Hoffnung, dass der gute Geist einziehen werde.

Johann Gottfried Seume, dt. Dichter, 1763-1810

Es gibt kein besseres Mittel, das Gute in den Menschen zu wecken, als sie so zu behandeln, als wären sie schon gut.

Gustav Radbruch, dt. Jurist, 1878-1949

Oh! hättest du vom Menschen besser stets gedacht, du hättest besser auch gehandelt.

Friedrich Schiller, dt. Dichter, 1759-1805

Wenn Sie einen Vorgesetzten verabschieden möchten oder einer Führungskraft für ihr Engagement danken wollen, können Ihnen die folgenden Zitate weiterhelfen.

Das entscheidende Ziel ist die Identifikation der Mitarbeiter mit den Führungszielen, weil diese ihre Motivation zur Leistung wesentlich bestimmt. Das gilt nicht nur für die Geführten, sondern auch für die Führenden selbst: Nur motivierte Vorgesetzte können ihre Mitarbeiter motivieren!
Otto Esser, dt. Unternehmer, 1917-2004

Führungskräfte müssen das Umfeld ihrer Mitarbeiter so gestalten, dass deren Motivation erhalten bleibt.
Uwe Renald Müller, dt. Verleger und Autor, 1954-2006

Was verwandelt die geistige Atmosphäre in ein Vakuum? Nichts Eigenes mehr sein zu dürfen.
Gerhart Hauptmann, dt. Schriftsteller, 1862-1946

Es ist mit der Liebe auch wie mit anderen Pflanzen: Wer Liebe ernten will, muss Liebe pflanzen.
Jeremias Gotthelf, schweiz. Schriftsteller, 1797-1854

Wer die Menschen behandelt, wie sie sind, macht sie schlechter. Wer die Menschen aber behandelt, wie sie sein könnten, macht sie besser.
Johann Wolfgang von Goethe, dt. Dichter, 1749-1832

Die Menschheit wird erst glücklich sein, wenn alle Menschen Künstlerseelen haben werden, das heißt, wenn allen ihre Arbeit Freude macht.
Johann Wolfgang von Goethe, dt. Dichter, 1749-1832

Die meisten Menschen brauchen mehr Liebe, als sie verdienen.

Marie von Ebner-Eschenbach, österr. Erzählerin, 1830–1916

Abhängigkeiten? Ja! Durch Liebe, aber nicht durch Furcht.

Gerhart Hauptmann, dt. Schriftsteller, 1862–1946

Was uns im Leben am meisten Not tut, ist ein Mensch, der uns zu dem zwingt, was wir können.

Ralph Waldo Emerson, amerik. Dichter und Philosoph, 1803–1882

Willst lustig leben, geh mit zwei Säcken, einen zum Geben, einen, um einzustecken. Da gleichst du Prinzen, plünderst und beglückst Provinzen.

Johann Wolfgang von Goethe, dt. Dichter, 1749–1832

Man soll nicht bloß handeln, sondern es auch mit der Zuversicht tun, als hänge der Erfolg lediglich von einem selbst ab.

Wilhelm von Humboldt, dt. Philosoph, 1767–1835

Wenn ein Mensch keinen Grund hat, etwas zu tun, so hat er einen Grund, es nicht zu tun.

Walter Scott, schott. Dichter, 1771–1832

Der oberste Zweck des Kapitals ist nicht, mehr Geld zu schaffen, sondern zu bewirken, dass das Geld sich in den Dienst der Verbesserung des Lebens stellt.

Henry Ford, amerik. Automobilhersteller, 1863-1947

Wenn einer allein träumt, ist es nur ein Traum. Wenn viele gemeinsam träumen, ist das der Anfang einer neuen Wirklichkeit.

Friedensreich Hundertwasser, österr. Maler, 1928-2000

Business ist schließlich bloß eine andere Form von menschlichem Miteinander; wieso sollten wir also ... geringere Ansprüche daran stellen als an uns selbst und an unsere Mitmenschen?

Anita Roddick, Gründerin von The Body Shop, 1942-2007

An seinen Idealen zu Grunde gehen können, heißt lebensfähig sein.

Peter Altenberg, österr. Schriftsteller, 1859-1919

Ideale erziehen und regen unser Leben an. Ideale sind biologische Sprungfedern. Ohne Ideale kein Leben.

José Ortega y Gasset, span. Kulturphilosoph, 1883-1955

Gute Ansichten allein sind wertlos. Es kommt darauf an, wer sie hat.

Karl Kraus, österr. Schriftsteller und Kritiker, 1874-1936

Mut machen

„Meine Arbeit wäre ja ganz o.k., aber der ganze Krimskrams und Kindergarten drumherum macht mich noch ganz fertig." So oder so ähnlich hat jeder von uns schon einmal geklagt, jeden holt im Laufe seiner beruflichen Karriere in regelmäßigen Abständen der Frust ein. Machen Sie Ihren Kollegen oder sich selbst Mut, die Krise zu überwinden. Das eine oder andere Zitat aus diesem Kapitel kann Ihnen vielleicht dabei helfen.

> Jedes Schreckbild verschwindet, wenn man es fest ins Auge fasst.
> *Johann Gottlieb Fichte, dt. Philosoph, 1762–1814*

> Ratlosigkeit und Unzufriedenheit sind die ersten Vorbedingungen des Fortschritts.
> *Thomas Alva Edison, amerik. Erfinder, 1847–1931*

Von Edison – der übrigens neben der Erfindung der Glühbirne weit mehr als 1000 Patente angemeldet hat – stammt auch der berühmte Spruch:

> Genie ist ein Prozent Inspiration und neunundneunzig Prozent Transpiration.
> *Thomas Alva Edison, amerik. Erfinder, 1847–1931*

> Es ist traurig, eine Ausnahme zu sein. Aber noch viel trauriger ist es, keine zu sein.
> *Peter Altenberg, österr. Schriftsteller, 1859–1919*

Mut machen

> Es bleibt einem jeden immer noch so viel Kraft, das auszuführen, wovon er überzeugt ist.
>
> *Johann Wolfgang von Goethe, dt. Dichter, 1749-1832*

Das Ziel aus den Augen zu verlieren ist problematisch für das Gedeihen einer Unternehmung, doch wer nur das Ziel vor Augen hat, dem kann der Weg dahin allzu lang werden. Stecken Sie sich Teilziele, damit der Spaß an der Arbeit nicht verloren geht.

> Nur auf das Ziel zu sehen, verdirbt die Lust am Reisen.
>
> *Friedrich Nietzsche, dt. Philosoph, 1844-1900*

> Doch der den Augenblick ergreift, das ist der rechte Mann!
>
> *Johann Wolfgang von Goethe, dt. Dichter, 1749-1832*

> Alles Fertige wird angestaunt, alles Werdende wird unterschätzt.
>
> *Friedrich Nietzsche, dt. Philosoph, 1844-1900*

> Man muss das Glück unterwegs suchen, nicht am Ziel, da ist die Reise zu Ende.
>
> *Sprichwort*

> Es ist so gewiss als wunderbar, dass Wahrheit und Irrtum aus einer Quelle entstehen; deswegen man oft dem Irrtum nicht schaden darf, weil man zugleich der Wahrheit schadet.
>
> *Johann Wolfgang von Goethe, dt. Dichter, 1749-1832*

> Der kommt am weitesten, der anfangs selbst nicht weiß, wie weit er kommen werde, dafür aber jeden Umstand, den ihm die Zeit gewährt, nach festen Maßregeln gebraucht.
> *Johann Gottfried Herder, dt. Philosoph und Dichter, 1744-1803*

> Abends muss man die Idee haben, morgens die kritische Haltung und mittags den Entschluss treffen.
> *André Kostolany, amerik. Finanzexperte, 1906-1999*

> Ein kluger Mann wird sich mehr Gelegenheiten schaffen, als sich ihm bieten. – A wise man will make more opportunities than he finds.
> *Francis Bacon, engl. Philosoph und Politiker, 1561-1626*

Dass alles eine Frage der Perspektive ist, zeigen die folgenden Zitate:

> Das Fischen von lebenden Fischen mit der Angel wird von vielen Seiten als Grausamkeit empfunden; hauptsächlich vom Fisch selbst.
> *Karl Valentin, bayer. Komiker und Schriftsteller, 1882-1948*

> Wir wissen immer nur, was nicht geht, anstatt zu sagen, wir wissen noch nicht, ob es geht.
> *Gerhard Schröder, dt. Politiker (SPD), geb. 1944*

> Ich denke, wenn man etwas in die Luft bauen will, so sind es immer besser Schlösser als Kartenhäuser.
> *Georg Christoph Lichtenberg, dt. Schriftsteller, 1742-1799*

Handeln schafft mehr Vermögen als Vorsicht.
Luc de Clapier Vauvenargues, frz. Schriftsteller, 1715–1747

Fantasie ist wichtiger als Wissen, denn Wissen ist begrenzt.
Albert Einstein, dt. Physiker, 1879–1955

Ein Mensch kann viel mehr als er tut. Er kann sich immer wieder neu orientieren.
Beate Uhse, dt. Unternehmerin, 1919–2001

Die Wege, die zu den Sternen führen, sind rau. – Per aspera ad astra.
Sprichwort

Vor dem Gewitter erhebt sich zum letzten Male der Staub gewaltsam, der nun bald für lange getilgt sein soll.
Johann Wolfgang von Goethe, dt. Dichter, 1749–1832

Wer nicht mehr liebt und nicht mehr irrt, der lasse sich begraben.
Johann Wolfgang von Goethe, dt. Dichter, 1749–1832

Ich möchte ewig leben. Und sei es nur, um zu sehen, dass die Menschen in hundert Jahren dieselben Fehler machen wie ich.
Winston Churchill, brit. Politiker und Schriftsteller, 1874–1965

Der Anfang ist die Hälfte des Ganzen.
Aristoteles, griech. Philosoph, 384–322 v. Chr.

Angst haben wir alle. Der Unterschied liegt in der Frage wovor.

Frank Thiess, dt. Schriftsteller, 1890-1977

Wenn das Gehirn des Menschen so einfach wäre, dass wir es verstehen könnten, dann wären wir so dumm, dass wir es doch nicht verstehen würden.

Jostein Gaarder, norw. Schriftsteller, geb. 1952

Die Bemerkung, dass viele Menschen das Geniale nie rein auf sich wirken lassen, sondern lieber gleich selbst anfangen zu stümpern, hat doch nur für den Egoismus etwas Unangenehmes. Die rechte Wirkung des Vollkommnen ist eben, jeden auf seine Weise tätig zu machen, wie kümmerlich dies im Einzelnen auch ausfallen mag.

Karl Leberecht Immermann, dt. Schriftsteller, 1796-1840

Angst ist für die Seele ebenso gesund wie ein Bad für den Körper.

Maxim Gorki, russ. Schriftsteller, 1868-1936

Sicherheit erreicht man nicht, indem man Zäune errichtet, sondern indem man Tore öffnet.

Urho Kaleva Kekkonnen, finn. Staatspräsident, 1900-1986

Wenn wir keine Fehler machen, heißt das, dass wir nicht genug neue Dinge ausprobieren.

Phil Knight, Gründer von NIKE, geb. 1938

Ohne die Kälte und Trostlosigkeit des Winters gäbe es die Wärme und die Pracht des Frühlings nicht.

Ho Chi Minh, vietnames. Politiker, 1890–1969

Auch aus Steinen, die einem in den Weg gelegt werden, kann man was Schönes bauen.

Johann Wolfgang von Goethe, dt. Dichter, 1749–1832

Wer durch des Argwohns Brille schaut, sieht Raupen selbst im Sauerkraut.

Wilhelm Busch, dt. Dichter und Maler, 1832–1908

Kein Unglück ist in Wirklichkeit so groß wie unsere Angst.

Franz Werfel, österr. Schriftsteller, 1890–1945

Gefahrlos lässt sich Gefahr niemals überwinden.

Griech. Sprichwort

Große Wendungen werden nicht immer durch starke Hände herbeigeführt, sondern durch ein glückliches Zugreifen im geeigneten Augenblick.

Jonathan Swift, irisch-engl. Schriftsteller, 1667–1745

Nicht selten erweisen sich Projekte, die mit großer Euphorie in Angriff genommen wurden, als wesentlich komplexer und arbeitsintensiver als zunächst vermutet. Wenn Sie mit Ihrem Team in einer Krise stecken, weil all die investierte Energie keinen Erfolg zu bringen scheint, können Sie sich mit der äsopischen Fabel von den zwei Fröschen vielleicht wieder Mut machen. Denn der Erfolg stellt sich oft später ein, als man dachte:

> Zwei Frösche waren in einen Milchtopf gehüpft und ließen es sich schmecken. Als sie wieder heraus wollten, schafften sie es nicht, weil die glatte Wand nicht zu bezwingen war. Die Frösche strampelten um ihr Leben. Der eine gab auf und ertrank. Der andere kämpfte weiter, bis er die ersten festen Butterbrocken spürte. Er stieß sich mit letzter Kraft ab und war im Freien.
>
> *Äsop, griech. Fabeldichter, ca. 6. Jh. v. Chr.*

> Überall herrscht der Zufall; lass deine Angel nur hängen; wo du's am wenigsten glaubst, sitzt im Strudel der Fisch.
>
> *Ovid, röm. Dichter, 43 v. Chr.– ca. 17 n. Chr.*

Manchmal ist schlicht auch etwas Gelassenheit gegenüber anstehenden Schwierigkeiten angebracht:

> Wer will denn alles gleich ergründen,
> sobald der Schnee schmilzt, wird sich's finden.
>
> *Johann Wolfgang von Goethe, dt. Dichter, 1749-1832*

> Wenn man einen Riesen sieht, so untersuche man erst den Stand der Sonne und gebe Acht, ob es nicht der Schatten eines Pygmäen ist.
>
> *Novalis, dt. Dichter der Romantik, 1772-1801*

(Die Pygmäen sind ein Geschlecht kleinwüchsiger Menschen, von dem schon Homer erzählte.)

> Lebenskunst ist die Kunst des richtigen Weglassens.
> *Coco Chanel, franz. Modeschöpferin, 1883–1971*

> Gar sehr verzwickt ist diese Welt;
> mich wundert's, dass sie wem gefällt.
> *Wilhelm Busch, dt. Dichter und Maler, 1832–1908*

> Wer möchte nicht lieber durch Glück dümmer als durch Schaden klug werden?
> *Salvador Dalí, span. Maler, 1904–1989*

> Ich jage niemals zwei Hasen auf einmal.
> *Otto von Bismarck, dt. Politiker, 1815–1898*

> Schließlich erreicht jeder Mensch jedes Ziel. Er muss es nur genügend weit zurückstecken.
> *Hans Söhnker, dt. Schauspieler, 1903–1981*

> Seit die Zukunft begonnen hat, wird die Gegenwart täglich schlechter.
> *Dieter Hildebrandt, dt. Kabarettist, geb. 1927*

> Der Mensch ist das einzige Tier, das arbeiten muss.
> *Immanuel Kant, dt. Philosoph, 1724–1804*

Es muss einem nicht gleich so Großes gelingen wie Katharina von Siena, die den Papst zur Rückkehr aus dem Exil in Avignon nach Rom bewegen konnte. Ihre Ratschläge können freilich auch bei einfacheren Aufgaben helfen:

> Nicht das Beginnen wird belohnt, sondern einzig und allein das Durchhalten.
>
> *Katharina von Siena, Mystikerin und Dichterin, 1347-1380*

> Dem Tapferen sind Glück und Unglück wie seine rechte und linke Hand, er bedient sich beider.
>
> *Katharina von Siena, Mystikerin und Dichterin, 1347-1380*

> Den Gewinn zu beschützen bedarf es so viel Kraft, wie ihn erst zu erwerben.
>
> *Ovid, röm. Dichter, 43 v. Chr.- ca. 17 n. Chr.*

> Gib der Alltäglichkeit ihr Recht, und sie wird dir mit ihren Anforderungen nicht zur Last fallen.
>
> *Clemens Brentano, dt. Dichter, 1778-1842*

> Die Neigung der Menschen, kleine Dinge für wichtig zu halten, hat sehr viel Großes hervorgebracht.
>
> *Georg Christoph Lichtenberg, dt. Schriftsteller, 1742-1799*

> Wer gar zu viel bedenkt, wird wenig leisten.
>
> *Friedrich Schiller, dt. Dichter, 1759-1805*

> Es kommt nicht darauf an, was für einen Hut man auf dem Kopf hat, sondern was für einen Kopf unter dem Hut.
>
> *Herbert George Wells, engl. Schriftsteller, 1866–1946*

> Ehrliche, herzliche Begeisterung ist einer der wirksamsten Erfolgsfaktoren.
>
> *Dale Carnegie, Psychologe und Schriftsteller, 1888–1955*

Stimmungstief bei Mitarbeitern und Kollegen

Einem Stimmungstief begegnet man am besten mit Verständnis – sich selbst gegenüber genauso wie Kollegen gegenüber. Es ist eine ganz normale Sache, dass die Motivation schwankt. Wenn Sie nach einem Erfolg wieder neuen Elan brauchen, können aufmunternde Sprüche motivieren. Stecken sie dagegen in einem echten Tief, sollten Sie lieber mit fundierteren Zitaten arbeiten.

> Nicht was wir erleben, sondern wie wir empfinden, was wir erleben, macht unser Schicksal aus.
>
> *Marie von Ebner-Eschenbach, österr. Erzählerin, 1830–1916*

> Es gibt nur einen Weg zum Glück und der bedeutet aufzuhören mit der Sorge um Dinge, die jenseits der Grenzen unseres Einflussvermögens liegen.
>
> *Epiktet, griech. Philosoph, ca. 50–138*

> Es gibt nur eine Mannschaft, die uns schlagen kann – das sind wir selbst!
>
> *Franz Beckenbauer, dt. Fußballspieler und -manager, geb. 1945*

> Nicht: Es muss etwas geschehen, sondern: Ich muss etwas tun.
>
> *Hans Scholl, dt. Widerstandskämpfer, 1918–1943*

> Erfahrung ist fast immer eine Parodie auf die Idee.
>
> *Johann Wolfgang von Goethe, dt. Dichter, 1749–1832*

> Die eine Hälfte des Lebens ist Glück, die andere ist Disziplin – und die ist entscheidend, denn ohne Disziplin könnte man mit seinem Glück nichts anfangen.
>
> *Carl Zuckmayer, dt. Schriftsteller, 1896–1977*

Ist bei der Arbeit mal die „Luft raus", verweisen Sie doch zum Trost darauf, dass es auch den kreativsten Menschen – wie zum Beispiel dem amerikanischen Schriftsteller Mark Twain – zuweilen ähnlich gehen kann:

> Es ist idiotisch, sieben oder acht Monate an einem Roman zu schreiben, wenn man in jedem Buchladen für zwei Dollar einen kaufen kann.
>
> *Mark Twain, amerik. Schriftsteller, 1835–1910*

Wie sehr sich Eigeninitiative lohnen kann, beweist der Gründer der SOS-Kinderdörfer:

Stimmungstief bei Mitarbeitern und Kollegen

> Alles Große in unserer Welt geschieht nur, weil jemand mehr tut, als er muss.
> *Hermann Gmeiner, österr. Sozialpädagoge, 1919-1986*

> Lieber Staub aufwirbeln als Staub ansetzen.
> *Hubert Burda, dt. Verleger, geb. 1940*

> Des Menschen Tätigkeit kann allzu leicht erschlaffen,
> Er liebt sich bald die unbedingte Ruh ...
> *Johann Wolfgang von Goethe, dt. Dichter, 1749-1832*

Manchmal reicht das größte Engagement nicht aus, und die Mühe war am Ende umsonst. Doch auch über dem Misserfolg sollte man nicht vergessen, den Einsatz anzuerkennen, dass wusste schon Ovid.

> Reichen die Kräfte nicht aus, so ist doch der Wille zu loben. – Ut desint vires, tamen est laudanda voluntas.
> *Ovid, röm. Dichter, 43 v. Chr.- ca. 17 n. Chr.*

> Hoffnung, nicht Furcht, ist das schöpferische Prinzip in menschlichen Dingen.
> *Bertrand Russell, engl. Philosoph, 1872-1970*

> Wenn die anderen glauben, man ist am Ende, so muss man erst richtig anfangen.
> *Konrad Adenauer, dt. Politiker (CDU), 1876-1967*

Ein Misserfolg ist die Chance, es beim nächsten Mal besser zu machen.

Henry Ford, amerik. Automobilhersteller, 1863–1947

Anfangs wollt' ich fast verzagen,
und ich glaubt', ich trüg' es nie;
und ich hab' es doch getragen –
aber fragt mich nur nicht: wie?

Heinrich Heine, dt. Dichter und Publizist, 1797–1856

Erfolg ist etwas Sein, etwas Schein und sehr viel Schwein.

Philip Rosenthal, dt. Unternehmer und Politiker (SPD), 1916–2001

Erfahrung ist jener kostbare Besitz, der uns befähigt, einen Fehler sofort zu erkennen, wenn wir ihn immer wieder machen.

Danny Kaye, amerik. Schauspieler, 1913–1987

Als hätte Demokrit schon in der Antike um unser Problem mit der Informationsflut gewusst:

Viel Denken, nicht viel Wissen soll man pflegen.

Demokrit, griech. Philosoph, ca. 470–380 v. Chr.

Es gibt eine Theorie, die besagt, wenn jemals irgendwer genau herausfindet, wozu das Universum da ist und warum es da ist, dann verschwindet es auf der Stelle und wird durch noch etwas Bizarreres und Unbegreiflicheres ersetzt. – Es gibt eine andere Theorie, nach der das schon passiert ist.

Douglas Adams, engl. Schriftsteller, 1952–2001

Jeder Mensch hat die Anlage, schöpferisch zu arbeiten. Die meisten merken es nur nicht.

Truman Capote, amerik. Schriftsteller, 1924–1984

Wenn Zweifel Herzens Nachbar wird,
die Seele sich in Leid verirrt.

Wolfram von Eschenbach, dt. Dichter, ca. 1170/80–1220

Zum Schluss noch ein kleines Beispiel, wie man ein Stimmungstief endgültig „in den Keller" schicken kann:

> Bill Gates hat bei Besprechungen seine Mitarbeiter gerne mit dem Standardsatz „That's the stupidest thing I ever heard!" abgekanzelt. Der Microsoft-Manager Chris Peters sagte daraufhin einmal zu ihm, er solle sich doch langsam mal einen neuen Spruch einfallen lassen. Gates zögerte nicht. Mitarbeitern, die eine langweilige Projektvorstellung abliefern, stellt er seither gerne die Frage: „Do we actually pay you?"

Leisten Sie Überzeugungsarbeit

> Ein Zitat ist besser als ein Argument. Man kann damit in einem Streit die Oberhand gewinnen, ohne den Gegner überzeugt zu haben.
> *Gabriel Laub, dt.-tschech. Schriftsteller, 1928–1998*

Dieses Zitat ist freilich nicht ganz ernst gemeint – denn ein Sieg ohne echte Überzeugung der Gesprächspartner wird kaum von Dauer sein. Aber Wahres steckt dennoch dahinter, denn Zitate können wie eine Art Katalysator bei der Überzeugungsarbeit wirken. Sie können das Fundament schaffen, auf dem Ihre Gesprächspartner für Argumente empfänglich werden. Hier einige Zitate zur Überzeugungsarbeit selbst, bevor die Zitate folgen, mit denen Sie zu verschiedenen Themen von Marketing bis zu Ökomanagement, von Benchmarking bis Teamarbeit argumentieren können.

> Ehe wir uns anschicken, andere zu überzeugen, müssen wir selbst überzeugt sein.
> *Dale Carnegie, Psychologe und Schriftsteller, 1888–1955*

> Es gibt keinen schlimmeren Feind des Denkens als den Dämon der Analogie.
> *André Gide, frz. Schriftsteller, 1869–1951*

> Der Gebildete treibt die Genauigkeit nicht weiter, als es der Natur der Sache entspricht.
> *Aristoteles, griech. Philosoph, 384–322 v. Chr.*

Einen Gescheiten kann man überzeugen, einen Dummen muss man überreden.
Curt Goetz, Schauspieler und Schriftsteller, 1888–1960

Der Pragmatiker entscheidet Fälle nicht nach Grundsätzen, sondern fallweise.
Ron Kritzfeld, dt. Chemiekaufmann, geb. 1921

Auch Worte sind Taten.
Ludwig Wittgenstein, österr. Philosoph, 1889–1951

Gang und Haltung verraten mehr als das Gesicht.
Alec Guinness, engl. Schauspieler, 1914–2000

Einfachheit ist das Resultat der Reife.
Friedrich Schiller, dt. Dichter, 1759–1805

Marketing und Werbung

Mit Zitaten von Aristoteles bis Zino Davidoff und Lee Iacocca, von Friedrich Schiller bis Woody Allen, von Napoleon bis Albert Einstein werden Sie gewiss in Sitzungen, bei Verhandlungen, Präsentationen oder Ansprachen zum Thema das Richtige finden. Manche Zitate werden Ihnen Anregungen für die eigene Marketingstrategie geben oder Sie in Ihrer Haltung bestätigen können. Sie finden in diesem Kapitel auch viel Kritisches zum Thema Marketing und Werbung – Sie können diese Kritik teilen oder ihr geschickt widersprechen und vielleicht einem gängigen Einwand vorgreifen.

> Wer keine Werbung macht, um Geld zu sparen, könnte ebenso seine Uhr anhalten, um Zeit zu sparen.
> *Henry Ford, amerik. Automobilhersteller, 1863–1947*

> Zufriedene sind das Unglück der Werbung.
> *Helmar Nahr, dt. Mathematiker und Wirtschaftswissenschaftler, 1931–1990*

> Enten legen ihre Eier in aller Stille. Hühner gackern dabei wie verrückt. Was ist die Folge? Alle Welt isst Hühnereier.
> *Henry Ford, amerik. Automobilhersteller, 1863–1947*

> Ein Bild sagt mehr als tausend Worte. –
> One picture is worth a thousand words.
> *Sprichwort*

> Was glänzt, ist für den Augenblick geboren.
> *Johann Wolfgang von Goethe, dt. Dichter, 1749–1832*

> In bunten Bildern wenig Klarheit,
> Viel Irrtum und ein Fünkchen Wahrheit,
> So wird der beste Trank gebraut,
> Der alle Welt erquickt und auferbaut.
> *Johann Wolfgang von Goethe, dt. Dichter, 1749–1832*

> Die Menge geht nach dem Glück.
> *Friedrich Schiller, dt. Dichter, 1759–1805*

Marketing und Werbung

Das Schönste, was wir erleben können, ist das Geheimnisvolle.
Albert Einstein, dt. Physiker, 1879-1955

Man kommt zum Schaun, man will am liebsten sehn.
Johann Wolfgang von Goethe, dt. Dichter, 1749-1832

Das Ziel ist, in die größtmögliche Zahl der Köpfe von Menschen zu kommen zu einem möglichst niedrigen Preis.
Adolf Wirz, schweiz. Werbefachmann, 1906-1997

Manche witzige Einfälle sind wie das überraschende Wiedersehen zwei befreundeter Gedanken nach einer langen Trennung.
Friedrich Schlegel, dt. Dichter, 1772-1829

Leute, die nach dem Zeitgeist streben, sind automatisch altmodisch.
Vivienne Westwood, engl. Modeschöpferin, 1941

Das Etikett soll nicht größer sein als der Sack.
Lukian, griech. Satiriker, ca. 120-180

Der Schein soll nie die Wirklichkeit erreichen, Und siegt Natur, so muss die Kunst entweichen.
Friedrich Schiller, dt. Dichter, 1759-1805

> Wenn man ein Seher ist, braucht man kein Beobachter zu sein.
>
> *Marie von Ebner-Eschenbach, österr. Erzählerin, 1830-1916*

> Ich habe kein Marketing gemacht. Ich habe immer nur meine Kunden geliebt.
>
> *Zino Davidoff, schweizer. Tabakunternehmer, 1906-1994*

> Ich finde nichts natürlicher, als alles zu verbinden, was uns Vergnügen und Vorteil bringt.
>
> *Johann Wolfgang von Goethe, dt. Dichter, 1749-1832*

> Wenn Sie einen Dollar in Ihr Unternehmen stecken wollen, so müssen Sie einen zweiten bereit halten, um das bekannt zu geben.
>
> *Henry Ford, amerik. Automobilhersteller, 1863-1947*

> Dabeisein ist 80 Prozent des Erfolges.
>
> *Woody Allen, amerik. Filmregisseur, geb. 1935*

Die Einzigartigkeit der Produkte oder Leistungen eines Unternehmens herauszustellen ist auch für Anita Roddick ein Erfolgsgarant.

> Man muss die Merkmale, die einen deutlich vom Wettbewerb abheben, betonen und darf sich nicht dazu verleiten lassen, sie zu verwässern.
>
> *Anita Roddick, Gründerin von The Body Shop, 1942-2007*

Das Geheimnis des Erfolgs? Anders sein als die anderen.
Woody Allen, amerik. Filmregisseur, geb. 1935

Wer nicht weiß, wohin er will, dem ist kein Wind recht.
Wilhelm von Oranien, König von England, Schottland und Irland, 1650-1702

Etwas despektierlich kommentiert Karl Kraus den Erfolg:

Je größer der Stiefel, desto größer der Absatz.
Karl Kraus, österr. Schriftsteller und Kritiker, 1874-1936

Der Konsument ist der ewige Säugling, der nach der Flasche schreit.
Erich Fromm, dt.-amerik. Psychoanalytiker, 1900-1980

Das Überflüssige, ein höchst notwendiges Ding.
Voltaire, frz. Schriftsteller und Philosoph, 1694-1778

Gegen eine Dummheit, die gerade in Mode ist, kommt keine Klugheit auf.
Theodor Fontane, dt. Schriftsteller, 1819-1898

Das Publikum beklatscht ein Feuerwerk, aber keinen Sonnenaufgang.
Christian Friedrich Hebbel, dt. Dichter, 1813-1863

Die Ideale einer Nation erkennt man an ihrer Reklame. – You can tell the ideals of a nation by its advertisements.

Norman Douglas, engl. Schriftsteller, 1868–1952

Das Herz hat seine Gründe, die der Verstand nicht kennt. – Le cœur a ses raisons que la raison ne connaît point.

Blaise Pascal, frz. Philosoph und Mathematiker, 1623–1662

Das Publikum braucht nichts als Empfänglichkeit, und diese besitzt es.

Friedrich Schiller, dt. Dichter, 1759–1805

Die Menschheit besteht aus einigen wenigen Vorläufern, sehr vielen Mitläufern und einer unübersehbaren Zahl von Nachläufern.

Jean Cocteau, frz. Dichter und Regisseur, 1889–1963

Veränderung ist das Salz des Vergnügens.

Friedrich Schiller, dt. Dichter, 1759–1805

Heu machen kann schließlich jeder, wenn der Himmel Gras wachsen lässt.

Karl Heinrich Waggerl, österr. Schriftsteller, 1897–1973

Künstler ist einer, der aus der Lösung ein Rätsel machen kann.

Karl Kraus, österr. Schriftsteller und Kritiker, 1874–1936

Ein Wissen, das auf neue Art den Wohlstand mehrt, bahnt sich immer seinen Weg.

Jost Stollmann, dt. Unternehmer, geb. 1955

Werbung treiben heißt oft, bei den Kunden erst Bedürfnisse zu wecken und auf diesem Weg einen Markt zu entwickeln, so jedenfalls sieht das einer der Gründer von Sony:

> Wir vermarkten nicht bereits entwickelte Produkte, sondern wir entwickeln einen Markt für Produkte, die wir herstellen.
>
> *Akio Morita, jap. Unternehmer, 1921–1999*

Denn an sich ist nichts weder gut noch böse; das Denken erst macht es dazu. – There is nothing either good or bad but thinking makes it so.

William Shakespeare, engl. Dramatiker, 1564–1616

Wer vor der Zeit beginnt, der endigt früh.

William Shakespeare, engl. Dramatiker, 1564–1616

Ruhm muss erworben werden, die Ehre hingegen braucht nur nicht verloren werden.

Arthur Schopenhauer, dt. Philosoph, 1788–1860

Unsere Eigenschaften müssen wir kultivieren, nicht unsere Eigenheiten.

Johann Wolfgang von Goethe, dt. Dichter, 1749–1832

In der Fabrik stellen wir Kosmetika her. Über die Ladentheke verkaufen wir Hoffnung.
Charles Revson, Altpräsident von Revlon, 1906–1975

Nur die Hartnäckigen gewinnen Schlachten.
Napoleon I., frz. Kaiser, 1769–1821

Zum zehnten Mal wiederholt, wird es gefallen.
Horaz, röm. Dichter, 65–8 v. Chr.

Der Markt ist ein von Menschen betriebenes Naturereignis.
Helmar Nahr, dt. Mathematiker und Wirtschaftswissenschaftler, 1931–1990

Man wird des Guten und auch des Besten, wenn es alltäglich zu sein beginnt, sobald satt.
Gotthold Ephraim Lessing, dt. Schriftsteller, 1729–1781

Wer zuerst kommt, mahlt zuerst.
Eike von Repgow, Verfasser des Sachsenspiegels, ca. 1180–1233

Ich misstraue allen Systematikern und gehe ihnen aus dem Weg. Der Wille zum System ist ein Mangel an Rechtschaffenheit.
Friedrich Nietzsche, dt. Philosoph, 1844–1900

Seine Methode ist streng schulgerecht. Darum sind seine Ergebnisse schülerhaft.
Helmut Arntzen, dt. Schriftsteller, geb. 1931

Wenn die Rose selbst sich schmückt,
Schmückt sie auch den Garten.

Friedrich Rückert, dt. Dichter, 1788-1866

Jeder Misthaufen ist das Zentrum der Welt, wenn der richtige Hahn drauf kräht.

Wolf Biermann, dt. Lyriker und Sänger, geb. 1936

Ein Star ist jemand, der andere überragt, weil er geschickt genug war, auf einen Stuhl zu steigen.

Billy Wilder, amerik. Filmregisseur, 1906-2002

Dies ist die Erkenntnis von der Natur der Dinge: Das Weiche, Schwache wird das Harte und Starke überdauern.

Lao Tse, chin. Philosoph, 6. Jh. v. Chr.

Wenn eine Idee fortwirken soll, muss sie die Möglichkeit bieten, missverstanden zu werden.

Karl Heinrich Waggerl, österr. Schriftsteller, 1897-1973

Man kann immerhin ehrlich sein, es ist nur dumm sich's merken zu lassen.

Ludwig Börne, dt. Schriftsteller, 1786-1837

Oh, man ist auch verzweifelt wenig, wenn man weiter nichts ist als ehrlich.

Gotthold Ephraim Lessing, dt. Schriftsteller, 1729-1781

> Unkraut nennt man die Pflanzen, deren Vorzüge noch nicht erkannt worden sind.
> *Ralph Waldo Emerson, amerik. Dichter und Philosoph, 1803–1882*

> Respekt vor dem Gemeinplatz! Er ist seit Jahrhunderten aufgespeicherte Weisheit.
> *Marie von Ebner-Eschenbach, österr. Erzählerin, 1830–1916*

> Der kürzeste Weg ist nicht der möglichst gerade, sondern der, bei welchem die günstigsten Winde unsere Segel schwellen; so sagt die Lehre der Schifffahrer.
> *Friedrich Nietzsche, dt. Philosoph, 1844–1900*

> Der Glaube an diese oder jene Motive ist wesentlicher als das, was wirklich Motiv war.
> *Friedrich Nietzsche, dt. Philosoph, 1844–1900*

Zum Thema „Kernkompetenz" passt vielleicht das folgende Zitat des Allround-Genies Leonardo da Vinci:

> Wer nicht kann, was er will, muss das wollen, was er kann. Denn das zu wollen, was er nicht kann, wäre töricht.
> *Leonardo da Vinci, ital. Maler und Forscher, 1452–1519*

Warum es sinnvoll sein kann, sich auf seine Kernkompetenzen zu besinnen und nicht allzu weit „in die Ferne zu schweifen", kann man auch mit Ringelnatz' Hilfe schön auf den Punkt bringen:

> In Hamburg lebten zwei Ameisen,
> die wollten nach Australien reisen.
> Bei Altona auf der Chaussee,
> da taten ihnen die Beine weh.
>
> *Joachim Ringelnatz, dt. Schriftsteller, 1883–1934*

Im Marketing gilt für die Strategie eines gesamten Unternehmens nicht selten, was auch für Menschen gilt:

> Das, was jemand von sich selbst denkt, bestimmt sein Schicksal.
>
> *Mark Twain, amerik. Schriftsteller, 1835–1910*

> Man muss sein Leben aus dem Holz schnitzen, das man zur Verfügung hat.
>
> *Theodor Storm, dt. Schriftsteller, 1817–1888*

> Die einzigen Dinge, die zählen, sind doch die, die uns erschauern lassen.
>
> *Oliver Sacks, engl. Neurologe, geb. 1933*

> Mögen täten wir schon wollen, aber dürfen haben wir uns nicht getraut.
>
> *Karl Valentin, bayer. Komiker und Schriftsteller, 1882–1948*

> Man müsste sich die Unbestechlichkeit bezahlen lassen können.
>
> *Werner Schneyder, österr. Kabarettist und Schriftsteller, geb. 1937*

Die Klage über die Schärfe des Wettbewerbs ist in Wirklichkeit nur eine Klage über den Mangel an Einfällen.
Walther Rathenau, dt. Industrieller und Politiker, 1867–1922

Auch der Zufall ist nicht unergründlich – er hat seine Regelmäßigkeit.
Novalis, dt. Dichter der Romantik, 1772–1801

Wenn das Haus durchsichtig wird, gehören die Sterne mit zum Fest.
Hugo von Hofmannsthal, österr. Dichter, 1874–1929

Wenn ich mich zwischen zwei Sünden entscheiden muss, begehe ich immer diejenige, die ich noch nicht kenne. – Whenever I'm caught between two evils, I take the one I've never tried.
Mae West, amerik. Schauspielerin, 1893–1980

Das Geheimnis des Agitators ist, sich so dumm zu machen, wie seine Zuhörer sind, damit sie glauben, sie seien so gescheit wie er.
Karl Kraus, österr. Schriftsteller und Kritiker, 1874–1936

Beenden Sie mit dem folgenden Zitat ein für alle Mal Forderungen nach Patentrezepten:

Es gibt drei goldene Regeln, um eine Novelle zu schreiben – leider sind sie unbekannt.
William Somerset Maugham, engl. Schriftsteller, 1874–1965

Der Aberglaub', in dem wir aufwachsen, verliert, auch wenn wir ihn erkennen, darum doch seine Macht nicht über uns.

Gotthold Ephraim Lessing, dt. Schriftsteller, 1729-1781

Wer stets zu den Sternen aufblickt, wird bald auf der Nase liegen.

Schott. Sprichwort

Das Merkwürdige an den Statussymbolen ist, dass die Symbole den Menschen wichtiger sind als der Status. – The remarkable thing about status symbols is that the symbols are more important for us than the status.

Cyril Northcote Parkinson, engl. Historiker, 1909-1993

Verkaufen / Vertrieb

Kritisches, Nachdenkliches und Witziges finden Sie in diesem Kapitel. Bei Verkaufsgesprächen ist es gut, kurze, markante Leitsprüche im Hinterkopf zu haben, um Fehler zu vermeiden. Grundsätzliche Statements zur Welt des Vertriebs können kurzen Ansprachen oder Begrüßungen Substanz verleihen.

Der Markt ist der einzig demokratische Richter, den es überhaupt in der modernen Wirtschaft gibt.

Ludwig Erhard, dt. Politiker (CDU), 1897-1977

Werde also nicht müde, deinen Nutzen zu suchen, indem du anderen Nutzen gewährst.

Marc Aurel, röm. Kaiser, 121-180

Im Geschäftsleben ist keine Geistesgabe so erfolgreich wie eine gute, wenn auch geheime Meinung von sich selbst.

Lord Philip Dormer Stanhope Chesterfield, engl. Staatsmann, 1694-1773

Denn der Buchstabe tötet, aber der Geist macht lebendig.

2 Kor 3,6

Sind Rüben auf dem Markt gefragt, muss man sie nicht waschen.

Chin. Sprichwort

Tun Sie gelegentlich etwas, womit Sie weniger oder gar nichts verdienen. Es zahlt sich aus.

Oliver Hassencamp, dt. Schriftsteller, 1921-1988

Barmherzigkeit gegen die Wölfe ist Unrecht gegen die Schafe.

Niederländ. Sprichwort

Wie mit den Füßen, so darf man auch mit den Hoffnungen nicht zu weit ausholen.

Epiktet, griech. Philosoph, ca. 50-138

Zwei Dinge sind schädlich für jeden, der die Stufen des Glücks will ersteigen: schweigen, wenn Zeit ist zu reden, und reden, wenn Zeit ist zu schweigen.

Friedrich M. von Bodenstedt, dt. Schriftsteller, 1819-1892

Für das Überzeugungsvermögen ist die Überzeugungskraft wichtiger als die Beherrschung von Überzeugungstechniken. Dialektiktraining (auch Verkaufstraining) ist also sehr viel mehr Persönlichkeitsbildung als Drill von Techniken.
Rupert Lay, dt. Jesuitenpater und Philosoph, geb. 1929

Wir sind dabei, die Welt zu reduzieren auf Angebot und Nachfrage.
Gertrud Höhler, Unternehmensberaterin, geb. 1941

Nur vom Nutzen wird die Welt regiert.
Friedrich Schiller, dt. Dichter, 1759-1805

Nichts ist schrecklich, was notwendig ist.
Euripides, griech. Dichter, 485 oder 484 - 406 v. Chr.

Der Mensch ist von Geburt an gut, aber die Geschäfte machen ihn schlecht.
Konfuzius, chin. Philosoph, 551-479 v. Chr.

Für den Unternehmer ist der Markt wie das Meer: voller Risiken.
Jean-Jacques Servan-Schreiber, frz. Politiker, 1924-2006

Die Fähigkeit, auf welche die Menschen den meisten Wert legen, ist die Zahlungsfähigkeit.
Oskar Blumenthal, dt. Schriftsteller, 1852-1917

Vergisst du den Kunden, so hat er dich bereits vergessen.

Heinz M. Goldmann, Unternehmensberater, geb. 1919

Es gibt aber nichts, was einen so anständigen Eindruck macht, als die Beharrlichkeit bei der geschäftlichen Verrichtung und bei jedem Entschluss.

Marcus Tullius Cicero, röm. Staatsmann und Redner, 106–43 v. Chr.

Stellst du einen Mann an die Spitze, mag er sein, was er will, Jurist oder Techniker; bewährt er sich, so ist er ein Kaufmann.

Walther Rathenau, dt. Industrieller und Politiker, 1867–1922

Der wahre Präsident des Unternehmens ist der Konsument.

Helmut Maucher, schweizer. Nestlé-Manager, geb. 1927

Oft büßt das Gute ein, wer Bessres sucht.

William Shakespeare, engl. Dramatiker, 1564–1616

Je stärker eine Ware als ein wirklicher „Glücksfall" oder als eine besondere Gelegenheit empfunden wird, desto mehr verschwinden preisliche Bedenken.

Heinz M. Goldmann, Unternehmensberater, geb. 1919

Wer so überzeugt ist von seinem Produkt wie Lichtenberg, wird kaum verkäuferischen Schiffbruch erleiden:

> Wer zwei Paar Hosen hat, mache eins zu Geld und schaffe sich dieses Buch an.
>
> *Georg Christoph Lichtenberg, dt. Schriftsteller, 1742–1799*

> Sei nicht ungeduldig, wenn man deine Argumente nicht gelten lässt.
>
> *Johann Wolfgang von Goethe, dt. Dichter, 1749–1832*

> Denke lieber an das, was du hast, als an das, was dir fehlt!
>
> *Marc Aurel, röm. Kaiser, 121–180*

Verkaufen ist immer auch eine Sache des richtigen Argumentierens. Vor- und Nachteile sind eben auch Interpretationssache, wie der folgende Witz beweist:

> Einer prahlt, wie schön seine Frau sei. Da nimmt ihn ein Freund beiseite und fragt ihn sacht: „Weißt du wirklich nicht, dass deine Frau dich mit vier Liebhabern betrügt?" – „Na und? Ich bin lieber mit zwanzig Prozent an einer guten Sache beteiligt als mit hundert an einer schlechten."

Kundenbindung und Beschwerdemanagement

Der Wandel zur Dienstleistungs- und Informationsgesellschaft lässt eine gute Kundenbetreuung immer wichtiger werden, gleichzeitig sind die Defizite in diesem Bereich besonders hoch. Zitate von Lao Tse über Leonardo da

Vinci bis zu Beate Uhse und Peter Dussmann können Ihnen bei der Überzeugungsarbeit in Sachen Kundenorientierung helfen.

> Höflichkeit ist Klugheit; folglich ist Unhöflichkeit Dummheit.
>
> *Arthur Schopenhauer, dt. Philosoph, 1788-1860*

> Dinge wahrzunehmen ist der Keim der Intelligenz.
>
> *Lao Tse, chin. Philosoph, 6. Jh. v. Chr.*

> Vertrauen ist für alle Unternehmungen das Betriebskapital, ohne welches kein nützliches Werk auskommen kann.
>
> *Albert Schweitzer, dt.-frz. Arzt und Kulturphilosoph, 1875-1965*

> Der Verkauf von Dienstleistungen lebt vom Vertrauen.
>
> *Peter Dussmann, dt. Unternehmer, geb. 1938*

> Der Wurm, der an der Angel hängt, muss nicht dem Angler schmecken, sondern dem Fisch.
>
> *Beate Uhse, dt. Unternehmerin, 1919-2007*

> Wer essen will, soll den Koch nicht beleidigen.
>
> *Chin. Sprichwort*

> Der Kunde ist die erste und die letzte Instanz aller unternehmerischen Entscheidungen.
>
> *Peter Dussmann, dt. Unternehmer, geb. 1938*

> Wir müssen in erster Linie an den Kunden denken, wenn wir wollen, dass der Kunde auch an uns denkt.
>
> *Emil Oesch, schweizer. Schriftsteller, 1894-1974*

> Es reicht nicht, wenn unsere Manager großartige Wirtschaftsfachleute oder auch tolle Techniker sind, wenn sie den Menschen, also ihren Kunden, längst aus dem Auge verloren haben.
>
> *Daniel Goeudevert, dt. Industriemanager, geb. 1942*

> Gut ist nicht gut genug, wenn Besseres erwartet wurde.
>
> *Thomas Fuller, engl. Theologe und Philosoph, 1608-1661*

> **Aufmerksamkeit auf einfache kleine Sachen zu verschwenden, die die meisten vernachlässigen, macht ein paar Menschen reich.**
>
> *Henry Ford, amerik. Automobilhersteller, 1863-1947*

> Glück entsteht oft durch Aufmerksamkeit in kleinen Dingen, Unglück oft durch Vernachlässigung kleiner Dinge.
>
> *Wilhelm Busch, dt. Dichter und Maler, 1832-1908*

Gerade bei Kundenbeschwerden bewahrheitet sich das folgende Zitat Goethes:

> Der Widerspruch ist es, der uns produktiv macht.
>
> *Johann Wolfgang von Goethe, dt. Dichter, 1749-1832*

Auch die folgenden Zitate passen zum Thema Beschwerden:

> Ein Mann von Geist wird nicht allein nie etwas Dummes sagen, er wird auch nie etwas Dummes hören.
>
> *Ludwig Börne, dt. Schriftsteller, 1786–1837*

> Wer zur Quelle gehen kann, gehe nicht zum Wassertopf.
>
> *Leonardo da Vinci, ital. Maler und Forscher, 1452–1519*

> Man muss es immer dahin bringen, dass man zurückgewünscht wird.
>
> *Baltasar Gracián y Morales, span. Schriftsteller, 1602–1658*

> Wahrheiten, die man ganz besonders ungern hört, hat man besonders nötig.
>
> *Jean de La Bruyère, frz. Schriftsteller, 1645–1696*

> Wir werden immer gut tun, Vorwürfe, die uns wie nur im Scherz gemacht wurden, getrost als im Ernst gemeint hinzunehmen.
>
> *Karl Gutzkow, dt. Schriftsteller, 1811–1878*

> Eltern verzeihen ihren Kindern die Fehler am schwersten, die sie selbst ihnen anerzogen haben.
>
> *Marie von Ebner-Eschenbach, österr. Erzählerin, 1830–1916*

Kundenbindung und Beschwerdemanagement

> Jede kleine Ehrlichkeit ist besser als eine große Lüge.
> *Leonardo da Vinci, ital. Maler und Forscher, 1452-1519*

> Wer das Jucken ein Übel nennt, der denkt gewiss nichts ans Kratzen.
> *Christian Friedrich Hebbel, dt. Dichter, 1813-1863*

Vielleicht werden besondere Aktionen oder Events zur Kundenbindung in Ihrem Unternehmen inflationär eingesetzt und drohen ihren Ereignischarakter zu verlieren – hier eine Überzeugungshilfe:

> Zehn Küsse werden leichter vergessen als ein Kuss.
> *Jean Paul, dt. Schriftsteller, 1763-1825*

> Bei den weichen Servicefaktoren kommt es gar nicht so sehr darauf an, was alles an attraktiven Dienstleistungen geboten wird, sondern vielmehr, wie der Service rübergebracht wird.
> *Klaus Kobjoll, dt. Hotelier und Dozent für Marketing, geb. 1948*

> Wer dem Publikum hinterherläuft, sieht doch nur dessen Hinterteil.
> *Johann Wolfgang von Goethe, dt. Dichter, 1749-1832*

> Wir leben in einer Zeit, in der die Menschen nicht wissen, was sie wollen, aber alles tun, um es zu bekommen.
> *Donald Marquis, amerik. Schriftsteller, 1878-1937*

Abonnenten sind nicht so leicht zu vertreiben. Es ist zum Staunen, was ein guter Abonnent vertragt.

Johann Nestroy, österr. Dramatiker und Schauspieler, 1801–1862

Die Menschen nehmen es hin, wenn man ihnen auf die Hühneraugen tritt. Aber sie nehmen es nicht hin, wenn man ihnen sagt, sie hätten Hühneraugen.

Norman Mailer, amerik. Schriftsteller, geb. 1923

Wer sagt: Hier herrscht Freiheit, der lügt, denn Freiheit herrscht nicht.

Erich Fried, österr. Schriftsteller, 1921–1988

Den Stil verbessern, das heißt den Gedanken verbessern.

Friedrich Nietzsche, dt. Philosoph, 1844–1900

Aufmerksamkeit und Liebe bedingen einander wechselseitig.

Hugo von Hofmannsthal, österr. Dichter, 1874–1929

Ein Mensch ohne Lächeln sollte kein Geschäft aufmachen.

Chin. Sprichwort

Man muss als Zwerg das tun, was die Riesen nicht können.

Niki Lauda, österr. Rennfahrer und Unternehmer, geb. 1949

Kundenbindung und Beschwerdemanagement

> Das Vergnügen ist ein Prüfstein der Natur, ein Zeichen ihrer Zustimmung. Wenn wir glücklich sind, sind wir immer gut. Aber nicht jeder, der gut ist, ist glücklich.
>
> *Oscar Wilde, engl. Schriftsteller, 1856–1900*

> Das Betragen ist ein Spiegel, in welchem jeder sein Bild zeigt.
>
> *Johann Wolfgang von Goethe, dt. Dichter, 1749–1832*

> Mit dem, was du selber tun kannst, bemühe nie andere.
>
> *Thomas Jefferson, 3. Präsident der USA, 1743–1826*

Echte Kundenorientierung dürfte sich ex negativo geradezu perfekt aus dem folgenden Zitat von Cyril Northcote Parkinson ableiten lassen.

> Die Post ist eine Institution zur verteuerten Verlangsamung der Briefzustellung mit dem Ziel der Selbstabholung gegen zehnfache Gebühr.
>
> *Cyril Northcote Parkinson, engl. Historiker, 1909–1993*

Gerade im Umgang mit Kunden werden Mitarbeiter schnell dazu verleitet, Wertungen vorzunehmen, die der Wirklichkeit nicht entsprechen.

> Einigen, die vom hohen Rosse her auf uns herabblicken, sollten wir gelegentlich sagen:

„Wir sind nicht hier, weil du dort oben sitzest, sondern du sitzest dort oben, weil wir hier sind."

Manfred Rommel, dt. Politiker (CDU), geb. 1928

Die Erfindungen für Menschen werden unterdrückt, die Erfindungen gegen sie gefördert.

Bertolt Brecht, dt. Schriftsteller, 1898-1956

Möge Werner Schneyders Kritik böse Ironie bleiben:

Konsumentenberatung ist dazu da, Konsumentenaufklärung zu verhindern.

Werner Schneyder, österr. Kabarettist und Schriftsteller, geb. 1937

Die Katzen halten keinen für eloquent, der nicht miauen kann.

Marie von Ebner-Eschenbach, österr. Erzählerin, 1830-1916

Ein Urteil lässt sich widerlegen, aber niemals ein Vorurteil.

Marie von Ebner-Eschenbach, österr. Erzählerin, 1830-1916

Und es ist besser, Unrecht zu leiden, als Unrecht tun.

Gotthold Ephraim Lessing, dt. Schriftsteller, 1729-1781

In jedem Menschen kann mir Gott erscheinen.

Novalis, dt. Dichter der Romantik, 1772-1801

Qualitätsmanagement

Zum Qualitätsmanagement gehören nicht nur die Einhaltung von Vorschriften und die Rentabilität der Produktion, sondern auch Kundenzufriedenheit und Umweltverträglichkeit. Wenn Sie Zitate zu diesem Thema suchen, dann schlagen Sie je nach Ihrem Schwerpunkt auch einmal in den Kapiteln „Kundenbindung und Beschwerdemanagement" (S. 73), „Umweltschutz / Ökomanagement" (S. 85) und „Mit Pannen und Misserfolgen umgehen" (S. 197) nach.

> Qualität beginnt beim Menschen, nicht bei den Dingen. Wer hier einen Wandel herbeiführen will, muss zuallererst auf die innere Einstellung aller Mitarbeiter abzielen.
> *Philip B. Crosby, amerik. Unternehmensberater, 1926–2001*

> Qualität ... ist, gute Produkte herzustellen, sie mit konkurrenzfähigen Preisen zu versehen und dazu einen ordentlichen Kundendienst anzubieten.
> *Lee Iacocca, amerik. Industriemanager, geb. 1924*

> Nur wenn man das kleinste Detail im Griff hat, kann man präzise arbeiten.
> *Niki Lauda, österr. Rennfahrer und Unternehmer, geb. 1949*

Es gibt zwei Dinge, auf denen das Wohlgelingen in allen Verhältnissen beruht. Das eine ist, dass Zweck und Ziel der Tätigkeit richtig bestimmt sind. Das andere aber besteht darin, die zu diesem Endziel führenden Handlungen zu finden.

Aristoteles, griech. Philosoph, 384–322 v. Chr.

Steigst du nicht auf die Berge, so siehst du auch nicht in die Ferne.

Chin. Sprichwort

Prüft aber alles, und das Gute behaltet.

1 Thess 5,21

Irrtümer entspringen nicht allein daher, weil man gewisse Dinge nicht weiß, sondern weil man sich zu urteilen unternimmt, obgleich man noch nicht alles weiß, was dazu erfordert wird.

Immanuel Kant, dt. Philosoph, 1724–1804

Was wert ist, getan zu werden, ist wert, gut getan zu werden. – Whatever is worth doing at all, is worth doing well.

Lord Philip Dormer Stanhope Chesterfield, engl. Staatsmann, 1694–1773

Es ist leichter, den Schaden zu verhüten als wieder gut zu machen.

Johann Peter Hebel, dt. Dichter, 1760–1826

Auch eine gewisse Betriebsblindheit kann einem effizienten Qualitätsmanagement im Weg stehen (siehe auch Kapitel „Betriebsblindheit" S. 213):

> Die absoluten Wahrheiten, scheint mir, haben das größte Unheil angerichtet. Daher ist weniger verbrochen durch Wissen als durch Glauben, durch Denken als durch Eingebung. Die „Nägel" im Menschenhirn, das ist die Gefahr: Um sie herum beginnt es immer zu eitern.
> *Gerhart Hauptmann, dt. Schriftsteller, 1862–1946*

> Je mehr du dich selbst liebst, je mehr bist du dein eigener Feind.
> *Marie von Ebner-Eschenbach, österr. Erzählerin, 1830–1916*

> Die Erfahrungen sind die Samenkörner, aus denen die Klugheit emporwächst.
> *Konrad Adenauer, dt. Politiker (CDU), 1876–1967*

> Man achte immer auf Qualität. Ein Sarg zum Beispiel muss fürs Leben halten.
> *Kurt Tucholsky, dt. Schriftsteller und Journalist, 1890–1935*

> Qualität ist, wenn der Kunde zurückkommt, nicht das Produkt.
> *Maxime bei Mercedes Benz*

> Diejenigen Berge, über die man im Leben am schwersten hinwegkommt, häufen sich immer aus Sandkörnchen auf.
> *Christian Friedrich Hebbel, dt. Dichter, 1813–1863*

Auch das beste Qualitätsmanagement kann nicht alle Unwägbarkeiten des Lebens ausschließen – oder reichen die eigenen Möglichkeiten doch weiter als man denkt?

> Und wenn dir ein Ziegelstein auf den Kopf fällt, bist du ganz sicher, dass es nicht doch bis zu einem bestimmten Grade deine eigene Schuld war? Dass du die Möglichkeit seines Falles nicht vorher erwogen, war das nicht ein Mangel an Voraussicht? Und ist es gänzlich auszuschließen, dass es nicht vielleicht dein eigener Schritt war, der den Stein lockerte? Oder gingst du nicht am Ende schon in der unbewussten Absicht vorüber, das Haus zu erschüttern, von dessen Dache er dir auf den Kopf fiel?
>
> *Arthur Schnitzler, österr. Schriftsteller, 1862–1931*

> Ich würde jedes Altauto unserer Marke zurücknehmen, nur geben es mir die Kunden nicht. Unsere Autos werden nicht verschrottet.
>
> *Wendelin Wiedeking, Porsche-Vorstand, geb. 1952*

> Es ist keine Höflichkeit, einem Lahmen den Stock tragen zu wollen.
>
> *Arthur Schnitzler, österr. Schriftsteller, 1862–1931*

> Man wird nicht besser mit den Jahren –
> Wie sollt' es auch, man wird bequem
> Und bringt, um sich die Reu' zu sparen,
> Die Fehler all in ein System.
>
> *Theodor Fontane, dt. Schriftsteller, 1819–1898*

Erfolge bringen Erfolg hervor, so wie das Geld das Geld vermehrt. – Les succès produisent les succès, comme l'argent produit l'argent.

Chamfort, frz. Schriftsteller, 1741–1794

Wirkung ist die Vergeltung der Ursache.

Jap. Sprichwort

Nichts ist erfolgreicher als der Erfolg. Wenn man fünfmal erfolgreich war, egal ob beim Weitsprung, Golfspielen oder mit einer Firma, wird man selbstbewusst und ist überzeugt, dass es beim nächsten Mal wieder klappt.

Beate Uhse, dt. Unternehmerin, 1919–2001

Umweltschutz / Ökomanagement

Ökomanagement ist zu einem der großen Themen schlechthin geworden – und das nicht nur deshalb, weil es heute mehr umweltrechtliche Vorschriften gibt als noch vor einigen Jahren. Immer mehr Unternehmen stecken sich mit großem Erfolg selbst Umweltschutzziele und wollen möglichst hohe Umweltstandards erreichen. Wenn Sie in Ihrem Unternehmen für solche Ziele plädieren oder die Umweltpolitik Ihres Unternehmens der Öffentlichkeit vorstellen wollen, werden Sie in diesem Kapitel Material dazu finden.

Sofern wir in die Natur eingreifen, haben wir strengstens auf die Wiederherstellung ihres Gleichgewichts zu achten.

Heraklit, griech. Philosoph, ca. 550–480 v. Chr.

Bevor man die Welt verändert, wäre es vielleicht doch wichtiger, sie nicht zu Grunde zu richten.

Paul Claudel, frz. Dichter, 1868–1955

Der Mensch muss sich in die Natur schicken; aber er will, dass sie sich in ihn schicken soll.

Immanuel Kant, dt. Philosoph, 1724–1804

Die Frage heute ist, wie man die Menschheit überreden kann, in ihr eigenes Überleben einzuwilligen.

Bertrand Russell, engl. Philosoph, 1872–1970

Noch ein wenig Fortschritt, dann wird die fühllose Natur das einzige beseelte Wesen auf unserem Planeten sein.

Karl Heinrich Waggerl, österr. Schriftsteller, 1897–1973

Hat ein Unternehmen nicht auch eine gesellschaftliche Verantwortung? Hat ein Unternehmen, dessen Erfolg von der Gesellschaft abhängt, nicht auch die Pflicht, ihr etwas zurückzugeben?

Anita Roddick, Gründerin von The Body Shop, 1942–2007

Umweltschutz / Ökomanagement

Wenn man mit Sonnenstrahlen Bomben bauen könnte, gäbe es schon längst wirtschaftlich arbeitende Sonnenkraftwerke.
Helmar Nahr, dt. Mathematiker und Wirtschaftswissenschaftler, 1931–1990

Das dringendste Problem der Technologie von heute ist nicht mehr die Befriedigung von Grundbedürfnissen und uralten Wünschen der Menschen, sondern die Beseitigung von Übeln und Schäden, welche uns die Technologie von gestern hinterlassen hat.
Dennis Gábor, engl.-ungar. Physiker, 1900–1979

Wehr im Beginne dem Übel; zu spät wird Heilung bereitet, wenn es Stärke gewann durch zu langen Verzug.
Ovid, röm. Dichter, 43 v. Chr.– ca. 17 n. Chr.

Es ist nicht genug, dass man verstehe, der Natur Daumenschrauben anzulegen; man muss sie auch verstehen können, wenn sie aussagt.
Arthur Schopenhauer, dt. Philosoph, 1788–1860

Ungerechtigkeit irgendwo auf der Welt gefährdet die Gerechtigkeit überall. –
Injustice anywhere is a threat to justice everywhere.
Martin Luther King, amerik. Bürgerrechtler, 1929–1968

Noch niemals hatte die Menschheit so viel Angst wie heutzutage – und noch niemals hatte sie so viel Grund dazu.

Bertrand Russell, engl. Philosoph, 1872-1970

Ihrem eigenen Trieb überlassen neigt die Masse immer dazu, aus Lebensbegierde die Grundlagen ihres Lebens zu zerstören.

José Ortega y Gasset, span. Kulturphilosoph, 1883-1955

Die Welt nötigt uns zur Angst. Angst ist nicht Schwäche des Urteils, sondern eine sie betreffende Erkenntnis.

Carl Friedrich von Weizsäcker, dt. Physiker und Philosoph, 1912-2007

Die Freiheit besteht darin, dass man alles tun kann, was einem anderen nicht schadet.

Matthias Claudius, dt. Dichter, 1740-1815

Das Anthropozentrische ist auch eine Art von Chauvinismus.

Hugo von Hofmannsthal, österr. Dichter, 1874-1929

Gute Ansichten sind wertlos. Es kommt darauf an, wer sie hat.

Karl Kraus, österr. Schriftsteller und Kritiker, 1874-1936

Wer sich mit der Natur verträgt, dem tut sie nichts.

Henry Miller, amerik. Schriftsteller, 1891-1980

Umweltschutz / Ökomanagement

Das öffentliche Wohl soll das oberste Gesetz sein.
Marcus Tullius Cicero, röm. Staatsmann und Redner, 106–43 v. Chr.

Ethik ist ins Grenzenlose erweiterte Verantwortung gegen alles, was lebt.
Albert Schweitzer, dt.-frz. Arzt und Kulturphilosoph, 1875–1965

Fortschritt ist die Verwirklichung von Utopien.
Gottfried Benn, dt. Dichter und Arzt, 1886–1956

Das Fortrücken in der Kalenderjahrzahl macht wohl den Menschen, aber nicht die Menschheit reifer.
Johann Peter Hebel, dt. Dichter, 1760–1826

Doch das ist ewig wahr: Wer nichts für andere tut, tut nichts für sich.
Johann Wolfgang von Goethe, dt. Dichter, 1749–1832

Wir sind auf einer Mission: Zur Bildung der Erde sind wir berufen.
Novalis, dt. Dichter der Romantik, 1772–1801

Das Problem ist heute nicht die Atomenergie, sondern das Herz des Menschen.
Albert Einstein, dt. Physiker, 1879–1955

Der Mensch ist das einzige Tier, das erröten kann – oder muss.
Mark Twain, amerik. Schriftsteller, 1835–1910

Das folgende Zitat von Philip Rosenthal ist nicht im Zusammenhang mit Ökomanagement gefallen, dennoch passt es gerade in diesen Kontext hervorragend:

> Lieber etwas weniger Wohlstand, dafür aber länger.
>
> *Philip Rosenthal, dt. Unternehmer und Politiker (SPD), 1916–2001*

> Man muss an Utopien glauben, um sie verwirklichen zu können.
>
> *Jean-Jacques Servan-Schreiber, frz. Politiker, 1924–2006*

> Unsere Rohstoffe und Energiequellen sind begrenzt – aber mithilfe der Technologie können wir sie immer wieder neu aufbereiten und erschließen. Ich bin Ingenieur und von der Machbarkeit und Bewältigbarkeit der Probleme dieser Welt überzeugt.
>
> *Akio Morita, japan. Unternehmer, 1921–1999*

> In Deutschland haben wir eine doppelbödige Diskussion: Alle wollen zurück zur Natur, aber nicht zu Fuß.
>
> *Joachim Milberg, Industriemanager, geb. 1943*

> Wer die Welt bewegen will, sollte sich erst selbst bewegen.
>
> *Sokrates, griech. Philosoph, ca. 470–399 v. Chr.*

Wer Ökomanagement praktizieren will, muss sich meist gegen eine Haltung durchsetzen, deren bekannteste Formulierung übrigens von der Marquise de Pompadour stammt:

> Nach uns die Sintflut. – Après nous le déluge!
> *Marquise de Pompadour, Mätresse Ludwigs XV., 1721–1764*

> Erfolg ist die Kunst, dem Sinnvollen das Rentable vorzuziehen.
> *Helmar Nahr, dt. Mathematiker und Wirtschaftswissenschaftler, 1931–1990*

Gerade in Sachen Ökomanagement kann ein Perspektivwechsel nicht schaden – wie in diesem Witz:

> Treffen sich zwei Planeten: „Wie geht's denn?" – „Nicht so gut." – „Wieso, was hast du denn?" – „Ach, ich habe homo sapiens." – „Ach so. Das ist nicht so schlimm, das hatte ich auch schon mal. Das geht vorüber."

Präsentation

Mit Präsentationen wollen wir unser Publikum gewinnen – für eine neue Marketingstrategie, eine veränderte Produktgruppe, für die Unternehmensphilosophie oder die Eröffnung einer neuen Filiale. Wer andere für sich und seine Sache einnehmen will, darf sich jedoch nicht nur als Spezialist und Fachmann präsentieren, sondern muss dies immer auch als Mensch tun. Sprechen Sie von Ihren persönlichen Erfahrungen, erzählen Sie von dem einen oder anderen Malheur bei der Produktentwicklung, fesseln Sie Ihre Zuhörer mit Ihrer persönlichen Offenheit *und* Ihrer Sachkenntnis. Wenn Sie im Präsentieren noch unsicher sind, versuchen Sie aus den Fehlern anderer zu lernen: Warum haben Sie sich bei Präsentationen von Kollegen gelangweilt, was hat Sie gestört?

Zitate und Anekdoten sind bei Präsentationen höchst wertvoll. Suchen Sie sich einen Ausspruch, der Sie selbst stark anspricht und Ihre persönliche Meinung widerspiegelt. Auch Zitate, die Ihren Argumente extrem zuwiderlaufen, können Sie gut einsetzen. Wichtig ist, dass Sie mit Herz und Verstand für Ihre Sache sprechen.

> Die entscheidende Frage für ein Unternehmen ist letzlich immer: Wie lässt sich Gewähr leisten, zum richtigen Zeitpunkt mit innovativen und kundengerechten Produkten am Markt zu sein? Ein Patentrezept gibt es dafür nicht. Die Entfesselung der Kreativität und des Engagements der Mitarbeiter ist eine Voraussetzung.
>
> *Heinrich von Pierer, ehem. Aufsichtsratsvorsitzender der Siemens AG, geb. 1941*

Die entscheidende Triebkraft des heute globalen Wettbewerbs ist die Geschwindigkeit, mit der Ideen in Produkte umgesetzt werden. Dem Kick folgt der Blick – auf die Märkte. Dieses

Talent, die Marktfähigkeit einer neuen Problemlösung zu erahnen und abzuschätzen, ist das Sahnehäubchen auf der Kreativität.
Ron Sommer, ehem. Vorstandsvorsitzender der Deutschen Telekom AG, geb. 1949

Man bauet selten seine Meinung auf festem Grunde, man baut sie in die Luft, gibt dem Zimmerwerke schwache Stützen, und erst wenn man mit dem Dache fertig ist, unterwölbt man das Gebäude. Auch vor dem gerechten Urteile geht oft ein Vorurteil her.
Ludwig Börne, dt. Schriftsteller, 1786-1837

Man glaubt gar nicht, wie schwer es oft ist, eine Tat in einen Gedanken umzusetzen!
Karl Kraus, österr. Schriftsteller und Kritiker, 1874-1936

Die Tiefe muss man verstecken. Wo? An der Oberfläche.
Hugo von Hofmannsthal, österr. Dichter, 1874-1929

Schlendrian und Pedantismus in der Kunst urteilen immer nach Gattungen, diese billigen, die verwerfen sie; der offene Kunstsinn aber kennt keine Gattungen, sondern nur Individuen.
Franz Grillparzer, österr. Schriftsteller, 1791-1872

Heute ist die Utopie vom Vormittag die Wirklichkeit vom Nachmittag.
Truman Capote, amerik. Schriftsteller, 1924-1984

> Alles Beweisen besteht eigentlich darin, dass man den Zusammenhang des zu beweisenden Satzes mit einem andern deutlich macht, der selbst keines Beweises bedarf.
>
> *Franz Grillparzer, österr. Schriftsteller, 1791–1872*

> Nichts auf der Welt ist so mächtig wie eine Idee, deren Zeit gekommen ist.
>
> *Victor Hugo, frz. Dichter, 1802–1885*

> Es ist wahres Gift für eine Erfindung, wenn sie zu früh und zu schnell auf den offenen Markt getrieben wird! Der Rückschlag bleibt nicht aus und zerstört auch den gesunden Kern, der Zeit zum Wachsen braucht und Ruhe.
>
> *Werner von Siemens, dt. Ingenieur und Unternehmer, 1816–1892*

Wenn sich Friedrich Schlegel im 19. Jahrhundert den folgenden Vergleich erlauben durfte, warum nicht ein Manager des 21. Jahrhunderts? Die Präsentation eines neuen Produktes steht zur Planung meist in ähnlichem Verhältnis:

> Das Druckenlassen verhält sich zum Denken wie eine Wochenstube zum ersten Kuss.
>
> *Friedrich Schlegel, dt. Dichter, 1772–1829*

> Erfolg hat nur, wer etwas tut, während er darauf wartet.
>
> *Thomas Alva Edison, amerik. Erfinder, 1847–1931*

Mit Blitzen kann man die Welt erleuchten, aber keinen Ofen heizen.
Christian Friedrich Hebbel, dt. Dichter, 1813-1863

Intelligenz lässt sich nicht am Weg, sondern nur am Ergebnis feststellen.
Garry Kasparow, russ. Schachspieler, geb. 1963

Nur Richtung ist Realität, das Ziel ist immer eine Fiktion, auch das erreichte – und dieses oft ganz besonders.
Arthur Schnitzler, österr. Schriftsteller, 1862-1931

Eine Erkenntnis geht manchmal über uns nieder wie Wolkenbruch über eine Landschaft – man erkennt sie nachher nicht wieder.
Emil Gött, dt. Schriftsteller, 1864-1908

Die Idee braucht die Kritik wie die Lunge den Sauerstoff.
José Ortega y Gasset, span. Kulturphilosoph, 1883-1955

Alles Denken ist Zurechtmachen.
Christian Morgenstern, dt. Schriftsteller, 1871-1914

Eng ist die Welt, und das Gehirn ist weit, leicht beieinander wohnen die Gedanken, doch hart im Raume stoßen sich die Sachen.
Friedrich Schiller, dt. Dichter, 1759-1805

Neue Ideen durchsetzen

Die Innovationsfreudigkeit von Unternehmen macht einen Großteil ihres Erfolges aus, dennoch ist nichts schwerer als eingefahrene Gleise zu verlassen und neue Ideen durchzusetzen. In diesem Kapitel finden Sie vor allem Hilfe für Ihre Überzeugungsarbeit, im Kapitel „Fortschritt / Innovation / Forschung und Entwicklung" (S. 104) sind Zitate zusammengestellt, die Sie brauchen, wenn Sie eine Innovation ankündigen wollen oder wenn Sie grundsätzliche Statements zum Thema abgeben müssen. Wenn Ihre Überzeugungsarbeit schon am Problembewusstsein Ihres Umfelds scheitert, schauen Sie doch im Kapitel „Betriebsblindheit" (S. 213) nach, ob Sie nicht passende Zitate entdecken.

> Ist es doch eine allgemein menschliche Schwäche, sich von unsicheren und unbekannten Dingen allzu sehr in Hoffnung wiegen und in Schrecken setzen zu lassen.
>
> *Gajus Julius Cäsar, röm. Staatsmann, 100–44 v. Chr.*

> Die Wahrheit ist unteilbar. Nur die Köpfe, in die sie nicht hineingeht, können gespalten werden.
>
> *Peter Bamm, dt. Schriftsteller, 1897–1975*

> Die das Dunkel nicht fühlen, werden sich nie nach dem Licht umsehen.
>
> *Henry Thomas Buckle, brit. Kulturhistoriker, 1821–1862*

Das Gefährliche an den Verboten: dass man sich auf sie verlässt, dass man nicht darüber nachdenkt, wann sie zu ändern wären.

Elias Canetti, Schriftsteller, 1905-1994

Für die Zukunftsfähigkeit von Gesellschaft, Staat und Wirtschaft kommt es entscheidend auf die Einstellung zum Wandel an. Wird er nur widerwillig akzeptiert, ist die Startposition denkbar ungünstig.

Heinrich von Pierer, ehem. Aufsichtsratsvorsitzender der Siemens AG, geb. 1941

Jedes Mal, wenn wir in der IBM einen Fortschritt gemacht haben, dann geschah das, weil jemand gewillt war, ein Risiko zu übernehmen, seinen Kopf hinzuhalten und etwas Neues auszuprobieren.

Thomas J. Watson, Manager, 1874-1956

Viel zu viel Wert auf die Meinung anderer legen ist ein allgemein herrschender Irrwahn.

Arthur Schopenhauer, dt. Philosoph, 1788-1860

Wohin ich auch zu gehen gedenke, so muss ich doch erst immer einen Schlagbaum der Gewohnheit freimachen, so sorgfältig hat sie alle unsere Straßen verrammelt.

Michel de Montaigne, frz. Schriftsteller, 1533-1592

Welcher Mann würde schon an einem Ort leben wollen, an dem es keinen Wagemut gibt? Ich halte nichts davon, irgendwelche verrückten Dinge auszuprobieren, aber wenn man nichts ausprobiert, tut sich auch nichts. – What kind of man would live where there is no daring? I don't believe in taking foolish chances, but nothing can be without taking any chances at all.

Charles Augustus Lindbergh, amerik. Flieger, 1902-1974

Es ist unmöglich Staub aufzuwirbeln, ohne dass einige Leute husten.

Erwin Piscator, dt. Theaterregisseur, 1893-1966

Regulierung und Standardisierung bedeuten das Ende evolutionärer Veränderung.

Uwe Renald Müller, dt. Verleger und Autor, 1954-2006

Ich kann freilich nicht sagen, ob es besser werden wird, wenn es anders wird; aber so viel kann ich sagen, es muss anders werden, wenn es gut werden soll.

Georg Christoph Lichtenberg, dt. Schriftsteller, 1742-1799

Die Widerstände gegen das Neue werden gespeist von der Angst vor dem Fremden. Da das Fremde nur in der Spiegelung am Eigenen sichtbar wird, steht hinter der Angst vor dem Fremden die Angst, sich selber ändern zu müssen.

Bolko von Oetinger, dt. Unternehmensberater, geb. 1943

> Du kannst nicht zwei Pferde mit einem Hintern reiten.
> *Woody Allen, amerik. Filmregisseur, geb. 1935*

> Der Erfolg bietet sich meist denen, die kühn handeln; nicht denen, die alles wägen und nichts wagen wollen.
> *Herodot, griech. Geschichtsschreiber, ca. 490–430 v. Chr.*

> Über der Veränderung liegt stets ein Hauch von Unbegreiflichkeit.
> *Carl Friedrich von Weizsäcker, dt. Physiker und Philosoph, 1912–2007*

> Wenn wir nicht von vorne anfangen, dürfen wir nicht hoffen, weiterzukommen.
> *Johann Gottfried Seume, dt. Dichter, 1763–1810*

> Wenn einem Philosophen ein Licht aufgeht, ist's für den anderen immer ein Schatten.
> *Christian Friedrich Hebbel, dt. Dichter, 1813–1863*

> Neue Ideen sind nur durch ihre Ungewohntheit schwer verständlich.
> *Franz Marc, dt. Maler, 1880–1916*

Neue Ideen können auch aus Variationen bewährter Traditionen entstehen:

> Es ist schön, immer mit derselben Frau zu schlafen und immer Erdbeeren im Juni zu essen. Einige unserer wichtigsten Lebenserfahrungen basieren auf Wiederholung.
> *Peter Greenaway, engl. Filmregisseur, geb. 1942*

Tradition ist bewahrter Fortschritt, Fortschritt ist weitergeführte Tradition.
Carl Friedrich von Weizsäcker, dt. Physiker und Philosoph, 1912–2007

Gedanken werden dann nur gestaltend und schöpferisch, wenn sie an etwas Vorhandenes anknüpfen.
Karl Gutzkow, dt. Schriftsteller, 1811–1878

Nur wer sich ändert, bleibt sich treu.
Wolf Biermann, dt. Lyriker und Sänger, geb. 1936

Die Philosophen haben die Welt nur verschieden interpretiert, es kömmt drauf an, sie zu verändern.
Karl Marx, dt. Philosoph und Politiker, 1818–1883

Ausnahmen sind nicht immer Bestätigung der alten Regel; sie können auch die Vorboten einer neuen Regel sein.
Marie von Ebner-Eschenbach, österr. Erzählerin, 1830–1916

Nicht ohne Schauder greift des Menschen Hand in des Geschicks geheimnisvolle Urne.
Friedrich Schiller, dt. Dichter, 1759–1805

Ich kann nicht an andere Ufer vordringen, wenn ich nicht den Mut aufbringe, die alten zu verlassen.
André Gide, frz. Schriftsteller, 1869–1951

Wer sichere Schritte tun will, muss sie langsam tun.
Johann Wolfgang von Goethe, dt. Dichter, 1749–1832

Der Geist lebt vom Zufall, aber er muss ihn ergreifen.
Elias Canetti, Schriftsteller, 1905–1994

Die gemeinsten Meinungen und was jedermann für ausgemacht hält, verdient oft am meisten untersucht zu werden.
August von Platen, dt. Dichter, 1796–1835

Versuchen ist nicht so übel als Verfinden.
Emil Gött, dt. Schriftsteller, 1864–1908

Einer neuen Wahrheit ist nichts schädlicher als ein alter Irrtum.
Johann Wolfgang von Goethe, dt. Dichter, 1749–1832

Es erben sich Gesetz' und Rechte
Wie eine ew'ge Krankheit fort;
Sie schleppen von Geschlecht sich zum Geschlechte
Und rücken sacht von Ort zu Ort.
Johann Wolfgang von Goethe, dt. Dichter, 1749–1832

Es gibt viele „Wahrheiten", die den Umgang mit der Vernunft als einen zu schlechten Verkehr ablehnen.
Richard Schaukal, österr. Schriftsteller, 1874–1942

Was hilft eine überzeugende innovative Strategie, wenn das Umfeld im Unternehmen oder in der Gesellschaft Veränderungen nicht zulässt? Denn:

> Nicht Tatsachen, sondern Meinungen über Tatsachen bestimmen das Zusammenleben.
>
> *Epiktet, griech. Philosoph, ca. 50-138*

> Alles Ganze, Vollendete ist eben vollendet, fertig und daher abgetan, gewesen; das Halbe ist entwicklungsfähig, fortschreitend, immer auf der Suche nach seinem Komplement. Vollkommenheit ist steril.
>
> *Egon Friedell, österr. Schriftsteller, 1878-1938*

> Die größten Schwierigkeiten liegen da, wo wir sie nicht suchen.
>
> *Johann Wolfgang von Goethe, dt. Dichter, 1749-1832*

> Bereit zum Untergang ist reif zum Aufgang.
>
> *Emil Gött, dt. Schriftsteller, 1864-1908*

Wenn die Angst sich darauf beschränkt, als revolutionär zu gelten, dann trösten Sie doch mit Hannah Arendt:

> Der radikalste Revolutionär ist ein Konservativer am Tag nach der Revolution.
>
> *Hannah Arendt, dt.-amerik. Philosophin, 1906-1975*

> Damit das Mögliche entsteht, muss immer wieder das Unmögliche versucht werden.
>
> *Hermann Hesse, dt. Dichter, 1877-1962*

Das folgende Zitat kann auch als gutes Argument für Diversifikation herhalten:

> Man darf das Schiff nicht an einen einzigen Anker und das Leben nicht an eine einzige Hoffnung binden.
>
> *Epiktet, griech. Philosoph, ca. 50-138*

> Jedes Verbot verschlechtert den Charakter bei denen, die sich ihm nicht willentlich, sondern gezwungen unterwerfen.
>
> *Friedrich Nietzsche, dt. Philosoph, 1844-1900*

> Überzeugungen sind gefährlichere Feinde der Wahrheit als Lügen.
>
> *Friedrich Nietzsche, dt. Philosoph, 1844-1900*

> Leben ist die Kunst, taugliche Schlussfolgerungen aus unzureichenden Prämissen zu ziehen.
>
> *Samuel Butler, engl. Schriftsteller, 1612-1680*

> Wenn fünfzig Millionen Menschen etwas Dummes sagen, bleibt es trotzdem eine Dummheit.
>
> *Anatole France, frz. Schriftsteller, 1844-1924*

> Ein Gedanke, der immer nur danach schielt, ob die Tatsachen und die Geschichte ihn bestätigen, ist ein Abgänger.
>
> *Gottfried Benn, dt. Dichter und Arzt, 1886-1956*

Du glaubst zu schieben und du wirst geschoben.
Johann Wolfgang von Goethe, dt. Dichter, 1749–1832

Ein Grab ist doch immer die beste Befestigung wider die Stürme des Schicksals.
Georg Christoph Lichtenberg, dt. Schriftsteller, 1742–1799

Jeder neue Gedanke ist ein Widerspruch. Denken heißt widersprechen können.
Hans Lohberger, österr. Schriftsteller, 1920–1979

Es gibt wichtigeres im Leben, als beständig dessen Geschwindigkeit zu erhöhen.
Mahatma Gandhi, Führer der indischen Unabhängigkeitsbewegung, 1869–1948

Echte Anschauungen sind nicht Gedanken, sondern Gedanken-Mütter.
Christian Friedrich Hebbel, dt. Dichter, 1813–1863

Fortschritt / Innovation / Forschung und Entwicklung

Sie müssen nicht Leiter einer Entwicklungsabteilung sein, um immer wieder Stellung zu Forschung, Innovation und Fortschritt nehmen zu müssen. Dass dieses Kapitel gleich mit vier Begriffen überschrieben ist, hat seinen guten Grund: Die meisten der hier versammelten Zitate lassen

Fortschritt / Innovation / Forschung und Entwicklung

sich bei Reden, Präsentationen oder Treffen mit in- und ausländischen Geschäftspartnern zum Thema Forschung und Entwicklung ebenso einsetzen wie zum Thema Innovationen. Wenn Sie die Überzeugungsarbeit noch vor sich haben, finden Sie im Kapitel „Neue Ideen durchsetzen" (S. 96) weitere passende Zitate.

> Wohin kämen wir, bitte, wenn wir immer nur Idealen nachhängen würden? Zu den Idealen!
> *Peter Altenberg, österr. Schriftsteller, 1859-1919*

> Wer kann was Dummes, wer was Kluges denken, das nicht die Vorwelt schon gedacht.
> *Johann Wolfgang von Goethe, dt. Dichter, 1749-1832*

> Wer mit den Füßen fest auf der Erde steht, kann nicht mit dem Scheitel den Himmel berühren.
> *Hans Kudszus, dt. Schriftsteller, 1901-1977*

> Geist kämpft nicht. Er spielt im Sandkasten. Das Mögliche ist notwendiger als das Wirkliche.
> *Hans Kudszus, dt. Schriftsteller, 1901-1977*

> Der Fortschritt geschieht heute so schnell, dass, während jemand eine Sache für gänzlich undurchführbar erklärt, er von einem anderen unterbrochen wird, der sie schon realisiert hat.
> *Albert Einstein, dt. Physiker, 1879-1955*

Regelmäßige Studienreisen nach USA und/oder Fernost, Benchmarking mit den Besten in und außerhalb unserer Branche, sorgfältige Beobachtung von Trends und ein funktionierendes Verbesserungsvorschlagswesen bringen ständigen Innovationsschub.

Klaus Kobjoll, dt. Hotelier und Dozent für Marketing, geb. 1948

Das Angenehme, Harmonische, Angepasste ist zwar bequem, schafft aber keinen Fortschritt.

Anpassung ist der Kerkermeister der Freiheit und der Feind des Wachstums. – Conformity is the jailer of freedom and the enemy of growth.

John Fitzgerald Kennedy, 35. Präsident der USA, 1917–1963

Nicht die harmonische, eingespielte Routinearbeit bringt ein Unternehmen weiter.

Beate Uhse, dt. Unternehmerin, 1919–2001

Das Wesentliche an der Existenz des Menschen ist seine Fähigkeit, sich nicht anzupassen.

Karl Heinrich Waggerl, österr. Schriftsteller, 1897–1973

Wer eine neue wissenschaftliche Wahrheit entdeckt, musste vorher fast alles, was er gelernt hatte, zerstören.

José Ortega y Gasset, span. Kulturphilosoph, 1883–1955

Fortschritt / Innovation / Forschung und Entwicklung

Der Fortschritt besteht nicht darin, das Gestern zu zerstören, sondern seine Essenz zu bewahren, welche die Kraft hatte, das bessere Heute zu schaffen.

José Ortega y Gasset, span. Kulturphilosoph, 1883-1955

Wenn wir die Geschichte besser kennen würden, fänden wir am Ursprung jeder Neuerung viel Wissen.

Émile Mâle, frz. Kunsthistoriker, 1862-1954

Die Menschheit lässt sich keinen Irrtum nehmen, der ihr nützt. Sie würde an Unsterblichkeit glauben, und wenn sie das Gegenteil wüsste.

Christian Friedrich Hebbel, dt. Dichter, 1813-1863

Würden die Menschen nach ihrem eigenen vernünftigen Interesse handeln, wäre die Welt ein Paradies im Vergleich zu ihrem tatsächlichen Zustand.

Bertrand Russell, engl. Philosoph, 1872-1970

Ich bin zu der Überzeugung gekommen, dass die ganze Welt ein Rätsel ist, ein harmloses Rätsel, das schrecklich wird durch unseren eigenen verrückten Versuch, sie zu deuten, als ob ihr eine tiefe Wahrheit zu Grunde läge.

Umberto Eco, ital. Semiotiker und Schriftsteller, geb. 1932

Wer eine Überzeugung hat, wird mit allem fertig. Überzeugungen sind der beste Schutz vor dem Lebendig-Wahren.

Max Frisch, schweizer. Schriftsteller, 1911-1991

Wer vom Glück immer nur träumt, darf sich nicht wundern, wenn er es verschläft.

Ernst Deutsch, dt. Schauspieler, 1890-1969

Nichts beflügelt die Wissenschaft so wie der Schwatz mit Kollegen auf dem Flur.

Arno Penzias, amerik. Physiker, geb. 1933

Ich bin ein guter Schwamm, denn ich sauge Ideen auf und mache sie dann nutzbar. Die meisten meiner Ideen gehörten ursprünglich anderen Leuten, die sich nicht die Mühe gemacht haben, sie weiterzuentwickeln.

Thomas Alva Edison, amerik. Erfinder, 1847-1931

Der Einfall ersetzt nicht die Arbeit.

Max Weber, dt. Wirtschafts- und Sozialwissenschaftler, 1864-1920

Der Irrtum ist viel leichter zu erkennen, als die Wahrheit zu finden; jener liegt auf der Oberfläche, damit lässt sich wohl fertig werden; diese ruht in der Tiefe, danach zu forschen ist nicht jedermanns Sache.

Johann Wolfgang von Goethe, dt. Dichter, 1749-1832

> Alles Wissen geht aus einem Zweifel hervor und endigt in einem Glauben.
>
> *Marie von Ebner-Eschenbach, österr. Erzählerin, 1830–1916*

Der Gründer von Sony, Akio Morita, hat mit seiner Haltung, die ihm oft als Selbstherrlichkeit angekreidet wurde, große Erfolge erzielt. Als er die Entwicklung des Walkman initiierte, hatte er die eigene Forschungscrew und die gesamte Marketingabteilung gegen sich:

> Wir kümmern uns daher nicht viel um Marktforschung, sondern tüfteln ein Produkt und seine Verwendungsmöglichkeiten aus und versuchen dann, einen Markt dafür zu schaffen, indem wir die Öffentlichkeit durch Kommunikation sozusagen „produktreif" machen.
>
> *Akio Morita, jap. Unternehmer, 1921–1999*

> Nur wenn sich die Kreativität auf diese drei Bereiche – Technologie, Produktplanung und Marketing – erstreckt, kann das Publikum aus einer neuen Technologie Nutzen ziehen. Ohne eine Unternehmensorganisation, die diesen drei Teilbereichen das zum Teil sehr langfristig erforderliche Ineinandergreifen gestattet, wird man neue Produkte nur schwerlich reifen sehen.
>
> *Akio Morita, jap. Unternehmer, 1921–1999*

Die Industrie eines Landes wird niemals eine leitende Stellung erwerben und sich erhalten können, wenn das Land nicht gleichzeitig an der Spitze des naturwissenschaftlichen Fortschritts steht. Dies herbeizuführen ist das wirksamste Mittel zur Hebung der Industrie.

Werner von Siemens, dt. Ingenieur und Unternehmer, 1816–1892

Alle Narrheit erschöpfen – so gelangt man zum Boden der Weisheit.

Ludwig Börne, dt. Schriftsteller, 1786–1837

Jede theoretische Erklärung ist eine Reduzierung der Intuition.

Peter Høeg, dän. Schriftsteller, geb. 1957

Ein Gedanke kann nicht erwachen, ohne andere zu wecken.

Marie von Ebner-Eschenbach, österr. Erzählerin, 1830–1916

Hoher Sinn liegt oft in kindischem Spiel.

Friedrich Schiller, dt. Dichter, 1759–1805

Ins geistige Abenteuer nimmt man den Regenschirm der Meinungen mit.

Richard Schaukal, österr. Schriftsteller, 1874–1942

Unter „Fortschritt" verstehen die meisten – unbewusst – die Unfähigkeit, Wurzel zu fassen.

Richard Schaukal, österr. Schriftsteller, 1874–1942

Unser Entscheiden reicht weiter als unser Erkennen.

Immanuel Kant, dt. Philosoph, 1724–1804

Als Künstlernatur bezeichnen wir im Allgemeinen die Summe von Eigenschaften, die den Künstler im Produzieren behindert.

Arthur Schnitzler, österr. Schriftsteller, 1862–1931

Mein Dank gilt allen, die mich durch ihr Nichtstun haben gewähren lassen.

Heinz Nixdorf, dt. Unternehmer, 1925–1986

Was Herrn Keuner in der folgenden Geschichte von Bertolt Brecht so erschreckt, sollte auch Unternehmen erschrecken, von denen Ähnliches gesagt wird:

> Ein Mann, der Herrn Keuner lange nicht gesehen hatte, begrüßte ihn mit den Worten: „Sie haben sich gar nicht verändert." – „Oh!", sagte Herr Keuner und erbleichte.
>
> *Bertolt Brecht, dt. Schriftsteller, 1898–1956*

Ton knetend formt man Gefäße. Doch erst ihr Hohlraum, das Nichts, ermöglicht die Füllung. Das Sichtbare, das Seiende, gibt dem Werk die Form. Das Unsichtbare, das Nichts, gibt ihm Wesen und Sinn.

Lao Tse, chin. Philosoph, 6. Jh. v. Chr.

Besäße der Mensch die Beharrlichkeit, so wäre ihm fast nichts unmöglich.

Chin. Spruch

Die Undefiniertheit des Seins dispensiert nicht von der Frage nach einem Sinn, sondern fordert dazu gerade auf.

Martin Heidegger, dt. Philosoph, 1889-1976

Erfindungen sind nur selten erfolgreich, wenn sie nicht aus der vollen Sachkenntnis hervorgehen und den Zweck haben, eine vorhandene störende Lücke auszufüllen. 99 unter 100 Erfindungen beruhen auf mangelndem Verständnis und die vermeintliche Erfindungsgabe auf Einbildung.

Werner von Siemens, dt. Ingenieur und Unternehmer, 1816-1892

Der Fortschritt ist die Verwirklichung von Ideen.

Oscar Wilde, engl. Schriftsteller, 1856-1900

Wer ständig glücklich sein möchte, muss sich oft verändern.

Konfuzius, chin. Philosoph, 551-479 v. Chr.

Es geschieht zu jeder Zeit etwas Unerwartetes; unter anderem ist auch deshalb das Leben so interessant.

Marie von Ebner-Eschenbach, österr. Erzählerin, 1830-1916

Fortschritt / Innovation / Forschung und Entwicklung

Ohne Begeisterung ist noch nie etwas Großes erreicht worden.

Ralph Waldo Emerson, amerik. Dichter und Philosoph, 1803–1882

Das Kunsturteil des Dilettanten und des Meisters unterscheiden sich darin, dass ersterer dabei das Kunstwerk mit sich in Einstimmung zu bringen sucht; letzterer sich mit dem Kunstwerke.

Franz Grillparzer, österr. Schriftsteller, 1791–1872

Innovation ist für das Unternehmen, was Sauerstoff für den Menschen ist. Menschen können nur sehr kurze Zeit ohne Sauerstoff überleben. Entsprechend können Betriebe nur kurze Zeit überleben, ohne neue Produkte oder Leistungen zu entwickeln. Und die Zeit, während der Betriebe ohne Entwicklung neuer Produkte, Verfahren oder Dienstleistungen überleben können, wird immer kürzer.

Jan Trøjborg, dän. Politiker (Sozialdemokrat), geb. 1955

Auch wenn mir vielleicht Experten widersprechen: Es gibt eine menschliche Wesensart, ohne die die Innovation auf Dauer nicht rund läuft – die Faulheit, oder etwas vornehmer, der Hang zur Rationalisierung.

Ron Sommer, ehem. Vorstandsvorsitzender der Deutschen Telekom AG, geb. 1949

Weit hinderlicher als die Kosten ist jedoch die Selbststrangulierung von Wirtschaft und Gesellschaft, die ihr den Atem zur Innovation nimmt. Die Kreativität ist umzingelt von Vorschriften, Ge- und Verboten.
> *Ron Sommer, ehem. Vorstandsvorsitzender der Deutschen Telekom AG, geb. 1949*

Je mehr wir lernen, desto mehr neue Dinge entdecken wir immer wieder. Es bedeutet auch, dass es keine Grenze für neue Entdeckungen und Erkenntnisse gibt.
> *Paul M. Romer, amerik. Wirtschaftswissenschaftler, geb. 1957*

Wir sind auf Erden um das Glück zu suchen, nicht um es zu finden.
> *Sidonie Gabrielle Colette, frz. Schriftstellerin, 1873–1954*

Raum, ihr Herrn, dem Flügelschlag
Einer freien Seele!
> *Georg Herwegh, dt. Dichter und Revolutionär, 1817–1875*

Das ganze Gebarme um „Innovation" ist auch nur Beschäftigungstherapie. Wir kennen ja nicht einmal das, was wir erneuern wollen, weil wir das, wovon wir reden: es sei innovationsbedürftig, gar nicht kennen. Mit dieser Erkenntnis sind wir geweckt und können uns endlich dem wirklichen Lernen zuwenden:

> dem Kennen-Lernen des Vorhandenen. Daraus wird unweigerlich Neues entstehen.
> *Wolfgang Rihm, dt. Komponist, geb. 1952*

> Der Anstoß zur Kreativität kommt also aus der Enttäuschung. Ich glaube, auf diese Weise werden die meisten von uns motiviert.
> *Peter Greenaway, engl. Filmregisseur, geb. 1942*

> Spielen ist Experimentieren mit dem Zufall.
> *Novalis, dt. Dichter der Romantik, 1772-1801*

> Man reist nicht billiger und nicht schneller als in Gedanken.
> *Georg Weerth, dt. Schriftsteller, 1822-1856*

Die Natur des Menschen, seine Trägheit und intellektuelle Taubheit, wird schon lange als Hemmschuh des Fortschritts erkannt:

> Der Mensch wird in der Welt nur das gewahr, was schon in ihm liegt; aber er braucht die Welt, um gewahr zu werden, was in ihm liegt; dazu aber sind Tätigkeit und Leiden nötig.
> *Hugo von Hofmannsthal, österr. Dichter, 1874-1929*

> Mit dem Ohr der Menschheit ist es so beschaffen, dass es den Schall zu verschlafen und erst durch das Echo zu erwachen pflegt.
> *Arthur Schnitzler, österr. Schriftsteller, 1862-1931*

Heute wird jede Minute eine neue chemische Formel, alle drei Minuten ein neuer physikalischer Zusammenhang und alle fünf Minuten eine neue medizinische Erkenntnis gewonnen. Pro Tag wird inzwischen mehr gedruckt als in der ganzen Zeit von der Erfindung des Buchdrucks bis zum ersten Weltkrieg zusammen.

Heinrich von Pierer, ehem. Aufsichtsratsvorsitzender der Siemens AG, geb. 1941

Es gibt manche Erlebnisse in unserem Dasein, die uns nichts zu sagen haben, solange wir sie anrufen; und wir halten sie für stumm. Aber wenn wir nur die Geduld haben, ein wenig zuzuwarten und stillzuhalten, so hallt uns mit einem Male ihr drei- und vierfaches Echo donnernd zurück.

Egon Friedell, österr. Schriftsteller, 1878–1938

Jeder Mensch findet sich von den frühsten Momenten seines Lebens an, erst unbewusst, dann halb, endlich ganz bewusst, immerfort bedingt, begrenzt in seiner Stellung.

Johann Wolfgang von Goethe, dt. Dichter, 1749–1832

Wer die höchste Unwirklichkeit erfasst, wird die höchste Wirklichkeit gestalten.

Hugo von Hofmannsthal, österr. Dichter, 1874–1929

Fortschritt / Innovation / Forschung und Entwicklung

Wie mancher Gedanke fällt um wie ein Leichnam, wenn er mit dem Leben konfrontiert wird.
Christian Morgenstern, dt. Schriftsteller, 1871-1914

Mehrheiten zementieren das Bestehende, Fortschritt ist nur über Minderheiten möglich.
Bertrand Russell, engl. Philosoph, 1872-1970

Moral, ein Maulkorb für den Willen; Logik, ein Steigriemen für den Geist.
Franz Grillparzer, österr. Schriftsteller, 1791-1872

Fantasie ist nur in der Gesellschaft des Verstandes erträglich.
Christian Friedrich Hebbel, dt. Dichter, 1813-1863

Durch Erfindungen sein Glück zu machen, ist eine sehr saure, schwere Arbeit, die wenige zum Ziel führt und schon unzählige tüchtige Leute zu Grunde gerichtet hat.
Werner von Siemens, dt. Ingenieur und Unternehmer, 1816-1892

In jeder Möglichkeit liegt der Beweis, dass irgendwo in der Welt eine eben solche Wirklichkeit ist.
Wilhelm von Scholz, dt. Schriftsteller, 1874-1969

Die auf dem Ozean des menschlichen Wissens rudern wollen, kommen nicht weit, und die die Segel aufziehen, verschlägt der Sturm.
Franz Grillparzer, österr. Schriftsteller, 1791-1872

> Wie groß sind die Fortschritte der Menschheit, wenn wir auf den Punkt sehen, von dem sie ausging, und wie klein, betrachten wir den Punkt wo sie hin will.
>
> *Franz Grillparzer, österr. Schriftsteller, 1791–1872*

> Jeder Zuwachs an Technik bedingt, wenn damit ein Zuwachs und nicht eine Schmälerung des menschlichen Glücks verbunden sein soll, einen entsprechenden Zuwachs an Weisheit.
>
> *Bertrand Russell, engl. Philosoph, 1872–1970*

> Fortschritt: die bekannten alten Sorgen gegen unbekannte neue, noch kompliziertere Sorgen eintauschen.
>
> *José Ortega y Gasset, span. Kulturphilosoph, 1883–1955*

> Der Sinn nahm die Form, sie sträubte und ergab sich. Der Gedanke entsprang, der die Züge beider trug.
>
> *Karl Kraus, österr. Schriftsteller und Kritiker, 1874–1936*

Von dem folgenden Zitat des Archimedes, der bekanntlich schon in der Antike einen Näherungswert für die Zahl π errechnete, leitet sich übrigens der sprichwörtliche Ausdruck „archimedischer Punkt" ab, mit dem man einen ruhenden Pol bezeichnet:

> Gib mir nur einen Punkt, wo ich hintreten kann, und ich bewege die Erde.
>
> *Archimedes, griech. Mathematiker und Physiker, 285–212 v. Chr.*

Fortschritt / Innovation / Forschung und Entwicklung

Säen ist nicht so beschwerlich als ernten.
Johann Wolfgang von Goethe, dt. Dichter, 1749-1832

Alle Spekulationen, vielleicht alles Philosophieren ist nur ein Denken in Spiralen; wir kommen wohl höher, aber nicht eigentlich weiter. Und dem Zentrum der Welt bleiben wir immer gleich fern.
Arthur Schnitzler, österr. Schriftsteller, 1862-1931

Ich glaube nicht an Fügung und Schicksal, als Techniker bin ich gewohnt, mit den Formeln der Wahrscheinlichkeit zu rechnen.
Max Frisch, schweizer. Schriftsteller, 1911-1991

Die Schurken sind immer praktisch tüchtiger als die ehrlichen Leute, weil ihnen die Mittel gleichgültig sind.
Franz Grillparzer, österr. Schriftsteller, 1791-1872

Keine Universalgeschichte führt vom Wilden zur Humanität, sehr wohl eine von der Steinschleuder zur Megabombe.
Theodor W. Adorno, dt. Philosoph, 1903-1969

Den lieb ich, der Unmögliches begehrt.
Johann Wolfgang von Goethe, dt. Dichter, 1749-1832

Die Bestialität hat jetzt Handschuh über die Tatzen gezogen! Das ist das Resultat der ganzen Weltgeschichte.
Christian Friedrich Hebbel, dt. Dichter, 1813-1863

Mit dem das Pferd nie durchgeht, der reitet einen hölzernen Gaul.

Christian Friedrich Hebbel, dt. Dichter, 1813–1863

Wer sich an Kant hält, dem muss alle Metaphysik erscheinen wie das hartnäckige Surren einer großen Fliege an einem fest geschlossenen Fenster. Überall wird das Tier einen Durchlass vermuten und nirgends gewährt die unerbittliche Scheibe etwas anderes als – Durchsicht.

Christian Morgenstern, dt. Schriftsteller, 1871–1914

Globalisierung

Mit dem Thema Globalisierung müssen sich inzwischen nicht mehr nur große Konzerne beschäftigen. Spätestens das Internet hat über die Möglichkeiten des E-Commerce auch kleine und mittlere Unternehmen „internationalisiert". Sie finden hier einige Zitate, die sich direkt mit dem Thema auseinander setzen, aber auch solche, die sich mit den Problemen und Sorgen befassen, die mit der Globalisierung zusammenhängen oder ihr auch nur unterstellt werden.

Solange wir selber nicht daran glauben, dass im Austausch neuer Wert geschaffen wird, findet der Austausch auch nicht statt.

Bolko von Oetinger, dt. Unternehmensberater, geb. 1943

Globale Ideen wandern von außen nach innen ins Unternehmen und von innen wieder nach außen. Diesen inspirierenden Kreislauf zu leiten, ist die erste große Managementaufgabe, denn wer heute zu lange nach innen (Europa) schaut, hat bereits die Hälfte seiner Kunden (Asien) verpasst. Wer den „Hinweg" nach Asien sieht, aber den „Rückweg" übersieht, verlagert nur und erneuert sich nicht. Wir benötigen den globalen Manager, der diesen Austausch wie eine natürliche Osmose am Laufen hält.
Bolko von Oetinger, dt. Unternehmensberater, geb. 1943

Im Rahmen der Globalisierung kann Neues uns unwahrscheinlich bereichern, nicht durch physisch abgepacktes Versenden einer Entdeckung von einem Platz zum anderen, sondern durch das „Werden einer Möglichkeit", das sich während des Austauschs herauskristallisiert.
Bolko von Oetinger, dt. Unternehmensberater, geb. 1943

Was ich vom Euro-Manager erwarte: Neugierde und damit die Bereitschaft, an der Zukunft schon in der Gegenwart zu arbeiten.
Helmut Maucher, schweizer. Nestlé-Manager, geb. 1927

Unter den heutigen Bedingungen sind Spitzenmanager gezwungen, sich mehr mit dem Geld- und Devisenmarkt auseinander zu setzen als mit dem langfristigen Gedeihen ihres Unternehmens.
Akio Morita, jap. Unternehmer, 1921-1999

Zivilisation: Der Osten verliert sein Östliches, der Westen sein Westliches: beide ihr Köstliches!

Gerhart Hauptmann, dt. Schriftsteller, 1862-1946

Jede Zeit hat ihre Aufgabe, und durch die Lösung derselben rückt die Menschheit weiter.

Heinrich Heine, dt. Dichter und Publizist, 1797-1856

Wir sind in Todesangst, dass die Nächstenliebe sich zu weit ausbreiten könnte, und richten Schranken gegen sie auf – die Nationalitäten.

Marie von Ebner-Eschenbach, österr. Erzählerin, 1830-1916

Nach Ägypten wär's nicht so weit. Aber bis man zum Südbahnhof kommt.

Karl Kraus, österr. Schriftsteller und Kritiker, 1874-1936

In einer Bahnhofshalle, nicht für es gebaut, geht ein Huhn hin und her.

Christian Morgenstern, dt. Schriftsteller, 1871-1914

Fünf Schicksale leiten den Menschen: seine geistige Natur, sein Körper, sein Volk, seine Heimat, die Sprache: sich über alle fünf zu erheben, ist das Göttliche.

Hugo von Hofmannsthal, österr. Dichter, 1874-1929

Alle nationale Politik führt letzten Endes in ein unvermittelbares Element, in den Idiotismus, das Wort in seinem Ursinn verstanden.

Hugo von Hofmannsthal, österr. Dichter, 1874-1929

Gegen einen engstirnigen Nationalbegriff lässt sich mit dem folgenden Schillerzitat argumentieren:

> Schnell knüpfen sich der Liebe zarte Bande.
> Wo man beglückt, ist man im Vaterlande.
>
> *Friedrich Schiller, dt. Dichter, 1759–1805*

Schiller spielt damit übrigens auf ein lateinisches Zitat an, das auf Aristophanes zurückgeht:

> Wo es mir gut geht, da ist das Vaterland. –
> Ubi bene, ibi patria.
>
> *Aristophanes, griech. Komödiendichter, ca. 445–385 v. Chr.*

> Die Agora als der Versammlungsort war ein Platz ohne Mauern und ohne Zugangsbeschränkungen, auf dem sich die Bürger trafen um zu kommunizieren. Das Internet bietet als erste globale Agora freien Zugang zum freien globalen Dialog. Der Marktplatz Welt entsteht!
>
> *Bolko von Oetinger, dt. Unternehmensberater, geb. 1943*

> Märkte sind wie Fallschirme: Sie funktionieren nur, wenn sie offen sind.
>
> *Helmut Schmidt, dt. Politiker (SPD), geb. 1918*

> Keine Gesellschaft kann gedeihen und glücklich sein, in der der weitaus größte Teil ihrer Mitglieder arm und elend ist.
>
> *Adam Smith, schott. Nationalökonom und Moralphilosoph, 1723–1790*

Der Glaube, nicht die Erkenntnis bestimmt, was sein soll; ja sogar: was ist! Darin liegt viel Segen für die Menschheit und ihr ganzes Elend!

Wilhelm von Scholz, dt. Schriftsteller, 1874–1969

Lernen im Unternehmen / Fortbildung

In diesem Kapitel finden Sie Zitate, die Sie nutzen können, um für Fortbildungsmaßnahmen zu plädieren; Zitate, die Ihnen als Seminarleiter oder Trainer den Einstieg erleichtern, die Ihre Gruppe zum Lachen bringen, und Zitate, die sich für eine Rede beispielsweise zum Abschluss einer Gesellenprüfung oder ein Statement zum Stand der Ausbildung von Hochschulabgängern eignen.

Was ist Geld? Geld ist rund und rollt weg, aber die Bildung bleibt.

Heinrich Heine, dt. Dichter und Publizist, 1797–1856

Die Investition in Wissen zahlt die besten Zinsen.

Benjamin Franklin, amerik. Schriftsteller und Politiker, 1706–1790

Ein Talent hat jeder Mensch, nur gehört zumeist das Licht der Bildung dazu, um es aufzufinden.

Peter Rosegger, österr. Schriftsteller, 1843–1918

Was nicht im Menschen ist, kommt auch nicht von außen in ihn hinein.

Wilhelm von Humboldt, dt. Philosoph, 1767–1835

Das Ich ist nichts anderes als Wollen und Vorstellen.

Novalis, dt. Dichter der Romantik, 1772-1801

Grau, teurer Freund, ist alle Theorie,
Und grün des Lebens goldner Baum.

Johann Wolfgang von Goethe, dt. Dichter, 1749-1832

Über die Halbwertszeit von Wissen scheint man sich einig zu sein, ob Benjamin Britten, Philip Rosenthal oder ein chinesisches Sprichwort. Wem dies Angst macht, der lasse sich von dem darunter stehenden Zitat von Edgar Allan Poe gleich wieder Mut machen:

Lernen ist wie Rudern gegen den Strom. Sobald man aufhört, treibt man zurück.

Benjamin Britten, Komponist, 1913-1976

Wer aufhört besser zu werden, hat aufgehört gut zu sein.

Philip Rosenthal, dt. Unternehmer und Politiker (SPD), 1916-2001

Eine Fähigkeit, die nicht täglich zunimmt, geht täglich zurück.

Chin. Weisheit

Nicht in der Erkenntnis liegt das Glück, sondern im Erwerben der Erkenntnis.

Edgar Allan Poe, amerik. Schriftsteller, 1809-1849

Das Ziel der Bildung ist nicht die Kenntnis von Fakten, sondern von Werten. – The aim of education is the knowledge not of facts but of values.

William Ralph Inge, engl. Theologe, 1860-1954

Mancher unserer sehr mittelmäßigen Gelehrten hätte ein größerer Mann werden können, wenn er nicht so viel gelesen hätte.

Georg Christoph Lichtenberg, dt. Schriftsteller, 1742-1799

Es gibt zweierlei Arten von Neugier: die eine aus Eigennutz, die uns antreibt zu erfahren, was uns nützen kann; die andere aus Stolz, die dem Trieb entspringt, zu wissen, was andere nicht wissen.

François de La Rochefoucauld, frz. Schriftsteller, 1613-1680

Für die Entwicklung eines Menschen zu einem reichen und freien Leben sind viele Kontakte nötig.

August Strindberg, schwed. Dichter, 1849-1912

Lang ist der Weg durch Lehren, kurz und wirksam durch Beispiele.

Lucius Annaeus Seneca, röm. Politiker und Dichter, ca. 4 v. Chr.-65 n. Chr.

Den folgenden Vers von Menander hat Goethe seiner Autobiografie „Dichtung und Wahrheit" vorangestellt.

> Ein Mensch, der nicht geschunden wird, wird nicht erzogen.
>
> *Menander, griech. Dichter, 342/341-291/290 v. Chr.*

> Von Natur besitzen wir keinen Fehler, der nicht zur Tugend, keine Tugend, die nicht zum Fehler werden könnte.
>
> *Johann Wolfgang von Goethe, dt. Dichter, 1749-1832*

> Man muss die Menschen so belehren, als ob man sie nicht belehrt, und unbekannte Dinge vortragen, als seien sie nur vergessen.
>
> *Alexander Pope, engl. Dichter, 1688-1744*

Dass nicht nur die weniger Erfahrenen von den „alten Hasen" lernen können, sondern auch umgekehrt – das ist ein Effekt, den man häufig in Teams beobachten kann. Bei Gertrud von Le Fort hört sich das so an:

> Geboren wird nicht nur das Kind durch die Mutter, sondern auch die Mutter durch das Kind.
>
> *Gertrud von Le Fort, dt. Schriftstellerin, 1876-1971*

> Immer lernt der Kluge von Dummen mehr als der Dumme von Klugen.
>
> *Peter Rosegger, österr. Schriftsteller, 1843-1918*

> Als ich nun so studierte und schlief.
>
> *Georg Christoph Lichtenberg, dt. Schriftsteller, 1742-1799*

Es war doch immer nützlich zu wissen, von welchen Dingen wir nichts wissen können. Wer uns vor nutzlosen Wegen warnt, leistet uns einen ebenso guten Dienst wie derjenige, der uns den rechten Weg anzeigt.

Heinrich Heine, dt. Dichter und Publizist, 1797–1856

Erfahrung ist eine verstandene Wahrnehmung.

Immanuel Kant, dt. Philosoph, 1724–1804

Was man nicht versteht, besitzt man nicht.

Johann Wolfgang von Goethe, dt. Dichter, 1749–1832

Es gibt viele Menschen, die sich einbilden, was sie erfahren, verstünden sie auch.

Johann Wolfgang von Goethe, dt. Dichter, 1749–1832

Es gibt zwei Wege, sich zu bilden. Der eine geht im Tale entlängst den Bächen und Flüssen. Man misst, schreitet vor und zurück und kommt am Ende wohl zu einem Begriffe dessen, was man durchschritten. Der andre führt grade auf den Berg, von wo herab du das ganze Stromgebiet mit einem Blicke überschaust.

Karl Leberecht Immermann, dt. Schriftsteller, 1796–1840

In den Bau der Welt taugt nur der abgeschliffene Stein.

Johann Heinrich Pestalozzi, schweizer. Pädagoge, 1746–1827

Ein Buch ist ein Spiegel, wenn ein Affe hineinsieht, so kann kein Apostel herausgucken.
Georg Christoph Lichtenberg, dt. Schriftsteller, 1742-1799

Wer aufhört zu lernen, ist alt. Er mag zwanzig oder achtzig sein.
Henry Ford, amerik. Automobilhersteller, 1863-1947

Die Toren wissen gewöhnlich das am besten, was jemals in Erfahrung zu bringen der Weise verzweifelt.
Marie von Ebner-Eschenbach, österr. Erzählerin, 1830-1916

Alle Berufe sind Verschwörungen gegen den Laien. – All professions are conspiracies against the laity.
George Bernard Shaw, irischer Schriftsteller, 1856-1950

Lernen besteht in einem Erinnern von Informationen, die bereits seit Generationen in der Seele des Menschen wohnen.
Sokrates, griech. Philosoph, ca. 470-399 v. Chr.

Manchen fehlt es an Gegenwart des Geistes – dafür haben sie desto mehr Zukunft des Geistes.
Novalis, dt. Dichter der Romantik, 1772-1801

Für angenehme Erinnerungen muss man im Voraus sorgen.
Paul Hörbiger, österr. Schauspieler, 1894-1981

Die Menschheit ist zu weit vorwärts gegangen, um sich zurückzuwenden, und bewegt sich zu rasch, um anzuhalten.

Winston Churchill, brit. Politiker und Schriftsteller, 1874–1965

Die beste Bildung hat, wer das meiste von dem Leben versteht, in das er gestellt wird.

Helen Keller, amerik. Sozialreformerin, 1880–1968

Ein Experte ist ein Mann, der hinterher genau sagen kann, warum seine Prognose nicht gestimmt hat.

Winston Churchill, brit. Politiker und Schriftsteller, 1874–1965

Armselig der Schüler, der seinen Meister nicht übertrifft.

Leonardo da Vinci, ital. Künstler und Forscher, 1452–1519

Etwas heftig Begehrtes schnell erreichen und dann leise davon enttäuscht sein, ist vielleicht der glücklichste Zustand; denn er führt den Menschen am sichersten wieder zu sich selbst.

Richard Benz, dt. Kulturhistoriker, 1884–1966

Bildung ist ein durchaus relativer Begriff. Gebildet ist jeder, der das hat, was er für seinen Lebenskreis braucht. Was darüber, das ist vom Übel.

Christian Friedrich Hebbel, dt. Dichter, 1813–1863

Zusammenarbeit / Kooperation / Teamarbeit

Lassen Sie sich von den Zitaten in diesem Kapitel inspirieren, wenn Sie zum Beispiel dafür plädieren, mit neuen Geschäftspartnern zu kooperieren, ein Projektteam einzusetzen oder wenn Sie die Solidarität Ihrer Kollegen stärken wollen.

> Einer mag überwältigt werden, aber zwei können widerstehen, und eine dreifache Schnur reißt nicht leicht entzwei.
> *Koh 4,12*

> Wenn alle Menschen sich immer gegenseitig beistünden, dann bedürfte niemand des Glückes.
> *Menander, griech. Dichter, 342/341–291/290 v. Chr.*

> Zusammenkunft ist ein Anfang. Zusammenhalt ist ein Fortschritt. Zusammenarbeit ist der Erfolg.
> *Henry Ford, amerik. Automobilhersteller, 1863–1947*

> Selbst die beste technische Vernetzung ist nur so gut wie die zwischenmenschliche Kommunikation, die dahintersteht.
> *Erich J. Lejeune, Unternehmer und Motivationstrainer, geb. 1944*

> Man kann wohl einen Schwarm Mücken im Zimmer sumsen hören, aber nicht eine.
> *Jean Paul, dt. Schriftsteller, 1763–1825*

Es ist eine große Torheit, allein weise sein zu wollen. – C'est une grande folie de vouloir être sage tout seul.

François de La Rochefoucauld, frz. Schriftsteller, 1613-1680

Toleranz sollte eigentlich nur eine vorübergehende Gesinnung sein: Sie muss zur Anerkennung führen. Dulden heißt beleidigen.

Johann Wolfgang von Goethe, dt. Dichter, 1749-1832

Niemand wird es müde, sich helfen zu lassen. Helfen aber ist eine Handlung gemäß der Natur. Werde daher nicht müde, dir helfen zu lassen, indem du anderen hilfst.

Marc Aurel, röm. Kaiser, 121-180

Dieses geht mich gar nichts an,
Denn ich bin ein Untertan.

Gottfried Kinkel, dt. Schriftsteller, 1815-1882

Wenn über das Grundsätzliche keine Einigkeit besteht, ist es sinnlos, miteinander Pläne zu schmieden.

Konfuzius, chin. Philosoph, 551-479 v. Chr.

Menschen, die einander ohne tatsächlichen klaren Grund nicht trauen, trauen sich selber nicht.

Friedrich Theodor Vischer, dt. Schriftsteller undPhilosoph, 1807-1887

Es ist beschämender, seinen Freunden zu misstrauen, als von ihnen getäuscht zu werden. – Il est plus honteux de se défier de ses amis que d'en être trompé.

François de La Rochefoucauld, frz. Schriftsteller, 1613–1680

Wir Erdenkinder sind einer des andern Engel, einer des andern Teufel, mancher sein eigener.

Johann Peter Hebel, dt. Dichter, 1760–1826

Organisieren besteht darin, weder den Dingen ihren Lauf noch den Menschen ihren Willen zu lassen.

Helmar Nahr, dt. Mathematiker und Wirtschaftswissenschaftler, 1931–1990

Alle Menschen sind Demokraten, wenn sie glücklich sind.

Gilbert Keith Chesterton, engl. Schriftsteller, 1874–1936

Wer damit anfängt, dass er allen traut, wird damit enden, dass er einen jeden für einen Schurken hält.

Christian Friedrich Hebbel, dt. Dichter, 1813–1863

Die Menschen, denen wir eine Stütze sind, die geben uns den Halt im Leben.

Marie von Ebner-Eschenbach, österr. Erzählerin, 1830–1916

Es gibt nichts Ungünstigeres als einen trägen Freund.

Plautus, röm. Komödiendichter, ca. 250–184 v. Chr.

Wir könnten viel, wenn wir zusammenstünden.
Friedrich Schiller, dt. Dichter, 1759-1805

Man unterwirft sich dem Großen, um über Kleine Herr zu sein: Diese Lust überredet uns zur Unterwerfung.
Friedrich Nietzsche, dt. Philosoph, 1844-1900

Man erkennt niemand an als den, der uns nutzt.
Johann Wolfgang von Goethe, dt. Dichter, 1749-1832

Ich merke wohl, im Ehestand muss man sich manchmal streiten, denn dadurch erfährt man was voneinander.
Johann Wolfgang von Goethe, dt. Dichter, 1749-1832

Schlimm ist, dass bei uns nur die Wahl zwischen Ehe und Einsamkeit ist.
Novalis, dt. Dichter der Romantik, 1772-1801

Ich habe nie verlangt, dass allen Bäumen eine Rinde wachse.
Gotthold Ephraim Lessing, dt. Schriftsteller, 1729-1781

Einander kennen lernen heißt lernen, wie fremd man einander ist.
Christian Morgenstern, dt. Schriftsteller, 1871-1914

Sind der Bauleute zu viele, so wird das Haus schief.

Chin. Sprichwort

Alle Tiere sind gleich, aber einige Tiere sind gleicher als andere. – All animals are equal but some animals are more equal than others.

George Orwell, engl. Schriftsteller, 1903–1950

Letzten Endes kann man alle wirtschaftlichen Vorgänge auf drei Worte reduzieren: Menschen, Produkte und Profite. Die Menschen stehen an erster Stelle. Wenn man kein gutes Team hat, kann man mit den beiden anderen nicht viel anfangen.

Lee Iacocca, amerik. Industriemanager, geb. 1924

Immer strebe zum Ganzen, und kannst du selber kein Ganzes
Werden, als dienendes Glied schließ an ein Ganzes dich an.

Friedrich Schiller, 1759–1805 und
Johann Wolfgang von Goethe, 1749–1832

Besprechungen

Sitzungen, Konferenzen, Besprechungen, Meetings – schon die Anzahl an Begriffen, die wir dafür haben, ist ein Hinweis darauf, wie viel Arbeitszeit wir mit Besprechungen verbringen – da sind Kommunikationsfähigkeit, direkte Überzeugungsarbeit und Moderationskünste gefragt. Sie finden in diesem Kapitel eine Fülle von Zitaten: zum Auflockern, zum Wutablassen, zum Schmunzeln und zum Nachdenken.

Für schwierige Besprechungen können Sie sich außerdem in den Kapiteln „Diskussionen drehen sich im Kreis" (S. 208), „Warnungen aussprechen" (S. 146) und „Mit Pannen und Misserfolgen umgehen" (S. 197) inspirieren lassen.

> Gewöhnlich glaubt der Mensch, wenn er nur Worte hört, es müsse sich dabei doch auch was denken lassen.
>
> *Johann Wolfgang von Goethe, dt. Dichter, 1749–1832*

> Keine Gnade mehr mit denen, die nicht erforscht haben und doch reden.
>
> *Bertolt Brecht, dt. Schriftsteller, 1898–1956*

> Das ist keine Lüge, sondern eine sachzwangreduzierte Ehrlichkeit.
>
> *Dieter Hildebrandt, dt. Kabarettist, geb. 1927*

> Es ist besser zu schweigen und als Idiot verdächtigt zu werden, als zu reden und dadurch alle Zweifel zu beseitigen.
>
> *Abraham Lincoln, 16. Präsident der USA, 1809–1865*

> Gepriesen sei derjenige, der nichts zu sagen hat und davon absieht, das zu beweisen.
>
> *George Eliot, engl. Schriftstellerin, 1819–1880*

> Schlechte Argumente bekämpft man am besten dadurch, dass man ihre Darstellung nicht stört.
>
> *Sydney Smith, engl. Geistlicher, 1771–1845*

Die ältesten und kürzesten Wörter – „Ja" und „Nein" – erfordern auch das stärkste Nachdenken.
Pythagoras, griech. Mathematiker, ca. 570–480 v. Chr.

Euer Ja sei ein Ja, euer Nein ein Nein; alles andere stammt vom Bösen.
Mt 5,37

Oh, der Einfall war kindisch, aber göttlich schön!
Friedrich Schiller, dt. Dichter, 1759–1805

In der Welt ist es sehr selten mit dem Entweder-Oder getan, die Empfindungen und Handlungsweisen schattieren sich so mannigfaltig, als Abfälle zwischen einer Habichts- und Stumpfnase sind.
Johann Wolfgang von Goethe, dt. Dichter, 1749–1832

Gott schweigt – wenn wir jetzt bloß die Menschen dazu brächten, die Klappe zu halten.
Woody Allen, amerik. Filmregisseur, geb. 1935

Die ambivalente Innovationsakzeleration setzt eine unerschütterliche Geistesgläubigkeit voraus.
Phrasen-Dreschmaschine

Man braucht zwei Jahre, um sprechen zu lernen, und fünfzig, um schweigen zu lernen.
Ernest Hemingway, amerik. Schriftsteller, 1899–1961

Aufmerksamkeit und Konzentration können in jeder Sitzung schon mal nachlassen:

> Dann und wann schläft selbst der wackere Homer.
> *Horaz, röm. Dichter, 65–8 v. Chr.*

> Wie wohl ist dem, der dann und wann
> Sich etwas Schönes dichten kann!
> *Wilhelm Busch, dt. Dichter und Maler, 1832–1908*

Zum Thema „Dichten" hier eine kleine (wahre!) Geschichte: Dem Journalisten Tom Kummer wurde immer wieder vorgeworfen, seine Interviews mit Hollywoodstars, die in renommierten Zeitungen und Zeitschriften erschienen, erfunden zu haben. Auf die direkte Frage eines Kollegen, ob er die Interviews denn nun tatsächlich geführt habe oder nicht, antwortet Tom Kummer: „Die Frage ist mir zu eindimensional."

> Argumente nützen gegen Vorurteile so wenig wie Schokoladenplätzchen gegen Stuhlverstopfung.
> *Max Pallenberg, österr. Schauspieler, 1877–1934*

> Denken ist schwer, darum urteilen die meisten.
> *Carl Gustav Jung, schweizer. Psychoanalytiker, 1875–1961*

> Getretner Quark
> Wird breit, nicht stark.
> *Johann Wolfgang von Goethe, dt. Dichter, 1749–1832*

Ist denn die Welt nicht schon voller Rätsel genug, dass man die einfachsten Erscheinungen auch noch zu Rätseln machen soll?

Johann Wolfgang von Goethe, dt. Dichter, 1749–1832

Gäbe es doch so viele Gründe zu pflücken wie Brombeeren. – If reasons were as plenty as blackberries.

William Shakespeare, engl. Dramatiker, 1564–1616

Manch einer hält sich für unbestechlich, weil er Argumente ignoriert.

Helmar Nahr, dt. Mathematiker und Wirtschaftswissenschaftler, 1931–1990

Im Handy-Zeitalter wahrer denn je:

Das Telefon gehört zu den Unentbehrlichkeiten, die nicht gekannt zu haben ein rohes Zeitalter adelt.

Richard Schaukal, österr. Schriftsteller, 1874–1942

Wär's abgetan, wenn es getan, dann wär's am besten schnell getan.

William Shakespeare, engl. Dramatiker, 1564–1616

Machen Sie sich erst einmal unbeliebt, dann werden Sie auch ernst genommen.

Konrad Adenauer, dt. Politiker (CDU), 1876–1967

Ich bin glücklich, und wenn ich's nicht bin, so wohnt wenigstens all das tiefe Gefühl von Freud und Leid in mir.
Johann Wolfgang von Goethe, dt. Dichter, 1749-1832

Dummheit ist auch eine natürliche Begabung.
Wilhelm Busch, dt. Dichter und Maler, 1832-1908

Lerne zuhören, und du wirst auch von denjenigen Nutzen ziehen, die dummes Zeug reden.
Platon, griech. Philosoph, ca. 428-348 v. Chr.

Dank sei der gepriesenen Walterin Natur, dass sie das Notwendige leicht erreichbar schuf, das schwer Erreichbare aber als nicht notwendig.
Epikur, griech. Philosoph, 341-270

Ach Kronenkranich, plärr nicht so!
Du bist doch nicht allein im Zoo!
Robert Gernhardt, dt. Schriftsteller, 1937-2006

Durch Heftigkeit ersetzt der Irrende,
Was ihm an Wahrheit und an Kräften fehlt.
Johann Wolfgang von Goethe, dt. Dichter, 1749-1832

Lärm ist ein geeignetes Mittel, die Stimme des Gewissens zu übertönen.
Pearl S. Buck, amerik. Schriftstellerin, 1892-1973

Haben Sie einmal so gar keine Lust auf die nächste Sitzung, trösten Sie sich vielleicht damit:

Aus einem tiefen Weltschmerz reißt uns zuweilen sehr wohltätig ein kleines Alltagsärgernis.

Hans Fallada, dt. Schriftsteller, 1893–1947

Wir hätten wenig Mühe, wenn wir niemals unnötige Mühe hätten.

Marie von Ebner-Eschenbach, österr. Erzählerin, 1830–1916

Der Gescheitere gibt nach! Eine traurige Wahrheit; sie begründet die Weltherrschaft der Dummheit.

Marie von Ebner-Eschenbach, österr. Erzählerin, 1830–1916

Manch einer wähnt sich schon weitsichtig, wenn er das Naheliegende außer Acht lässt.

Ole Anders, dt. Publizist, geb. 1926

Die Beleidigungen sind die Argumente jener, die über keine Argumente verfügen.

Jean-Jacques Rousseau, frz. Philosoph, 1712–1778

Bürokraten bekämpft man am besten, indem man ihre Vorschriften genau befolgt.

Cyril Northcote Parkinson, engl. Historiker, 1909–1993

Dass man mit Dienst nach Vorschrift die Urheber der Vorschriften lächerlich machen kann, ist eine herrliche Pointe der Bürokratie.

Cyril Northcote Parkinson, engl. Historiker, 1909–1993

Eine Kommission ist ein Gremium, das sich mit dem Entwerfen des Entwurfs für den Entwurf zum Entwurf beschäftigt.

Cyril Northcote Parkinson, engl. Historiker, 1909-1993

Man sollte nicht nur zu wissen meinen, sondern auch zu meinen wissen.

Karl Heinrich Waggerl, österr. Schriftsteller, 1897-1973

Mein Gehirn
Treibt öfters wunderbare Blasen auf,
Die schnell, wie sie entstanden sind, zerspringen.

Friedrich Schiller, dt. Dichter, 1759-1805

Der Vorteil des schlechten Gedächtnisses ist, dass man dieselben guten Dinge mehrere Male zum ersten Male genießt.

Friedrich Nietzsche, dt. Philosoph, 1844-1900

Das ist der ganze Jammer: Die Dummen sind so sicher und die Gescheiten so voller Zweifel.

Helmut Schmidt, dt. Politiker (SPD), geb. 1918

Wer Recht behalten will und hat nur eine Zunge,
Behält's gewiss.

Johann Wolfgang von Goethe, dt. Dichter, 1749-1832

> Die Dummheit der formalen Logik überwindet jedes Hindernis natürlicher Einsicht ins Chaos des Lebendigen.
> *Richard Schaukal, österr. Schriftsteller, 1874–1942*

> Gegensätze soll man nicht auszugleichen trachten, sondern produktiv gestalten.
> *Richard Schaukal, österr. Schriftsteller, 1874–1942*

> Das Argument des Stärksten ist immer das beste.
> *Jean de La Fontaine, frz. Dichter, 1621–1695*

> Wo nehme ich nur all die Zeit her, so viel nicht zu lesen?
> *Karl Kraus, österr. Schriftsteller und Kritiker, 1874–1936*

Manchmal wird in Besprechungen über Sachverhalte gestritten, deren ursprünglicher Zweck vollkommen aus dem Blick geriet und möglicherweise die Diskussion gar nicht mehr rechtfertigen würde. Eine „Geschichte vom Herrn Keuner" mag Ihnen dabei helfen, die Diskussion auf das eigentliche Problem zu lenken:

> Nachdem Herr Keuner dies gehört hatte, dass sein Nachbar Musik machte, um zu turnen, turnte, um kräftig zu sein, kräftig sein wollte, um seine Feinde zu erschlagen, seine Feinde erschlug, um zu essen, stellte er seine Frage: „Warum isst er?"
> *Bertolt Brecht, dt. Schriftsteller, 1898–1956*

In der wahren Prosa muss alles unterstrichen sein.
Novalis, dt. Dichter der Romantik, 1772–1801

Schlechte Zeiten sind gute Gesprächsthemen.
Wolf Wondratschek, dt. Schriftsteller, geb. 1943

Zynismus ist der geglückte Versuch, die Welt so zu sehen, wie sie wirklich ist.
Jean Genet, frz. Schriftsteller, 1910–1986

Pünktlichkeit ist die Höflichkeit der Könige. – L'exactitude est la politesse des rois.
Ludwig XIV., frz. König, 1638–1715

Eine Rose ist eine Rose ist eine Rose ist eine Rose. – Rose is a rose is a rose is a rose.
Gertrude Stein, amerik. Schriftstellerin, 1874–1946

Zu wenig Leute haben den Mut, vollkommenen Blödsinn zu sagen. Häufig wiederholter Blödsinn wird integrierendes Moment unseres Denkens; bei einer gewissen Stufe der Intelligenz interessiert man sich für das Korrekte, Vernünftige gar nicht mehr.
Carl Einstein, dt. Schriftsteller, 1885–1940

Eine Idee verliert außerordentlich, wenn ich ihr den Stempel meiner Erfindung aufdrücke, und sie zu einer Patentidee mache.
Novalis, dt. Dichter der Romantik, 1772–1801

Sie haben wichtige Unterlagen vergessen, die Sie für die Besprechung dringend brauchen und nun noch holen müssen? Wenn es Ihnen nicht zu „militärisch" ist, hier ein passendes Zitat von Friedrich Schiller:

> Mir fehlt der Arm, wenn mir die Waffe fehlt.
> *Friedrich Schiller, dt. Dichter, 1759-1805*

> Frisörgespräche sind der unwiderlegliche Beweis dafür, dass die Köpfe der Haare wegen da sind.
> *Karl Kraus, österr. Schriftsteller und Kritiker, 1874-1936*

> Wenn einer noch so klug ist, so ist er oft doch nicht klug genug, um den Dummen zu begreifen.
> *Friedl Beutelrock, dt. Schriftstellerin, 1889-1958*

> Ich möchte hingehn wie das Abendrot.
> *Georg Herwegh, dt. Dichter und Revolutionär, 1817-1875*

> Wer ganz Ohr ist, hört nicht.
> *Moritz Heimann, dt. Schriftsteller, 1868-1925*

> In gewissen Ländern scheint man der Meinung, drei Esel machten zusammen einen gescheiten Menschen aus. Das ist aber grundfalsch. Mehrere Esel in concreto geben den Esel in abstracto, und das ist ein furchtbares Tier.
> *Franz Grillparzer, österr. Schriftsteller, 1791-1872*

Wäre mancher schon erschaffen gewesen, er hätte Gott bei der Schöpfung Rat erteilt.
Christian Friedrich Hebbel, dt. Dichter, 1813–1863

Die Sprache ist der Papagei des Gedankens, und ein schwer gelehriger, nichts weiter.
Christian Friedrich Hebbel, dt. Dichter, 1813–1863

Es ist unglaublich, wie viel Geist in der Welt aufgeboten wird, um Dummheiten zu beweisen.
Christian Friedrich Hebbel, dt. Dichter, 1813–1863

Es gehört weniger Mut dazu, der allein Tadelnde als der allein Lobende zu sein.
Marie von Ebner-Eschenbach, österr. Erzählerin, 1830–1916

Warnungen aussprechen

Kein Tag vergeht, da in den Wirtschaftsteilen der großen Zeitungen nicht die Rede wäre vom Bedarf an neuen Ideen, an Innovation, von der notwendigen Flexibilität und Anpassung an gesellschaftliche Veränderungen. Doch Änderungsprozesse müssen auch organisiert werden, Details sollen aufeinander abgestimmt sein und die verschiedensten Einflussgrößen müssen bedacht werden. Sie werden also häufig in die Situation kommen, einerseits vor falschen Entwicklungen warnen zu müssen, andererseits vor mangelnder Veränderungsbereitschaft. Oder Sie müssen Vorschläge, die aus reiner Profilierungssucht hervorgingen, gegen sachgerechte Lösungen verteidigen. Für solche und ähnliche Situationen sind die Zitate in diesem Kapitel gedacht, aber auch zur Orientierung bei Ihrer persönlichen Standortbestimmung.

> Neue Ideen begeistern jene am meisten, die auch mit den alten nichts anzufangen wussten.
> *Karl Heinrich Waggerl, österr. Schriftsteller, 1897-1973*

> Hohle Gefäße geben mehr Klang als gefüllte. Ein Schwätzer ist meistens ein hohler Kopf.
> *August von Platen, dt. Dichter, 1796-1835*

> In der Geschichte wie im menschlichen Leben bringt Bedauern einen verlorenen Augenblick nicht mehr wieder, und tausend Jahre kaufen nicht zurück, was eine einzige Stunde versäumt.
> *Stefan Zweig, österr. Schriftsteller, 1881-1942*

> Es gibt Leute, die nur aus dem Grunde in jeder Suppe ein Haar finden, weil sie, wenn sie davor sitzen, so lange den Kopf schütteln, bis eins hineinfällt.
> *Christian Friedrich Hebbel, dt. Dichter, 1813-1863*

> Humanität besteht darin, dass nie ein Mensch einem Zweck geopfert wird.
> *Albert Schweitzer, dt.-frz. Arzt und Kulturphilosoph, 1875-1965*

> Den Schritt muss man dem Bein anpassen.
> *Frz. Sprichwort*

Man sollte alles so einfach wie möglich sehen – aber auch nicht einfacher.

Albert Einstein, dt. Physiker, 1879–1955

Die gefährlichste Sorte von Dummheit ist ein scharfer Verstand.

Hugo von Hofmannsthal, österr. Dichter, 1874–1929

Hüte dich vor dem Imposanten! Aus der Länge des Stiels kann man nicht auf die Schönheit der Blüte schließen.

Peter Altenberg, österr. Schriftsteller, 1859–1919

Wir sind nicht nur für unser Tun verantwortlich, sondern auch für das, was wir nicht tun.

Molière, frz. Komödiendichter, ca. 1622–1673

Wenn ein Unternehmen schnell wächst, sollte man nicht zu viel und nicht zu viel Verschiedenes auf einmal planen.

Beate Uhse, dt. Unternehmerin, 1919–2001

Der Weg zum Misserfolg ist mit Erfolgserlebnissen gepflastert.

Helmar Nahr, dt. Mathematiker und Wirtschaftswissenschaftler, 1931–1990

Trau keinem, der nie Partei genommen
Und immer im Trüben ist geschwommen!

Gottfried Keller, schweizer. Schriftsteller, 1819–1890

Wehre den Anfängen. – Principiis obsta.
Ovid, röm. Dichter, 43 v. Chr.– ca. 17 n. Chr.

Das eben ist der Fluch der bösen Tat, dass sie, fortzeugend, immer Böses muss gebären.
Friedrich Schiller, dt. Dichter, 1759–1805

Wer das erste Knopfloch verfehlt, kommt mit dem Zuknöpfen nicht zurande.
Johann Wolfgang von Goethe, dt. Dichter, 1749–1832

Die Weltgeschichte ist auch die Summe dessen, was vermeidbar gewesen wäre.
Konrad Adenauer, dt. Politiker (CDU), 1876–1967

Wissenschaftlichkeit: Das heißt zu wissen, was man weiß und was man nicht weiß. Unwissenschaftlich ist alles totale Wissen, als ob man im Ganzen Bescheid wüsste.
Karl Jaspers, dt. Philosoph, 1883–1969

Wer zu spät an die Kosten denkt, ruiniert sein Unternehmen. Wer immer zu früh an die Kosten denkt, tötet die Kreativität.
Philip Rosenthal, dt. Unternehmer und Politiker (SPD), 1916–2001

Sparmaßnahmen muss man ergreifen, wenn man viel Geld verdient. Sobald man in den roten Zahlen ist, ist es zu spät.
John Paul Getty, amerik. Industrieller, Ölmilliardär, 1892–1976

Wenn wir nur etwas, das uns Sorge macht, aus unserer Gegenwart verbannen können, da glauben wir schon, nun sei es abgetan.

Johann Wolfgang von Goethe, dt. Dichter, 1749-1832

Stellt einer die Behauptung auf, die Erdkugel sei ein Würfel, so denkt er ohne Zweifel unabhängig. Allerdings auch falsch.

Hans Kasper, dt. Schriftsteller und Satiriker, 1916-1990

Wenn der Glaube stark ist, kann er Berge versetzen. Aber ist er auch noch blind, dann begräbt er das Beste darunter.

Karl Heinrich Waggerl, österr. Schriftsteller, 1897-1973

Der Kompromiss ist ein guter Regenschirm, aber ein schlechtes Dach.

James Russell Lowell, amerik. Schriftsteller, 1819-1891

Was mit wenigem abgetan werden kann, muss nicht mit vielem getan werden.

Matthias Claudius, dt. Dichter, 1740-1815

Falls Freiheit überhaupt irgendetwas bedeutet, dann bedeutet sie das Recht darauf, den Leuten das zu sagen, was sie nicht hören wollen.

George Orwell, engl. Schriftsteller, 1903-1950

Lass, von Gefahr umdrängt, dich unerschrocken und standhaft sehn; doch bei zu gutem Wind versäume nicht, die aufgeblähten Segel aus kluger Vorsicht einzuziehn!

Horaz, röm. Dichter, 65-8 v. Chr.

Jedwedes Übel ist ein Zwilling.
Heinrich von Kleist, dt. Dramatiker und Erzähler, 1777-1811

Aufschwung ist auch eine Übung, bei der man den Boden unter den Füßen verliert.
Martin Buchholz, dt. Schauspieler, geb. 1933

Der Grad der Furchtsamkeit ist ein Gradmesser der Intelligenz.
Friedrich Nietzsche, dt. Philosoph, 1844-1900

Das Schlimmste, was einem Dichter passieren kann, das ist: für seinen eigenen Einfall nicht reif zu sein.
Arthur Schnitzler, österr. Schriftsteller, 1862-1931

Ist dies schon Tollheit, hat es doch Methode. – Though this be madness, yet there is method in't.
William Shakespeare, engl. Dramatiker, 1564-1616

Zweifel ist keine angenehme Voraussetzung, aber Gewissheit ist eine absurde.
Voltaire, frz. Schriftsteller und Philosoph, 1694-1778

Die Ehrgeizigen und die Wollüstigen haben nur selten Zeit zu denken.
Voltaire, frz. Schriftsteller und Philosoph, 1694-1778

Was man mit Gewalt gewinnt, kann man nur mit Gewalt behalten.
Mahatma Gandhi, Führer der indischen Unabhängigkeitsbewegung, 1869-1948

> Wer zu früh kommt, verbrät nur Geld.
>
> *Hasso Plattner, Industriemanager, geb. 1944*

> Alles ist gut! Nur nicht immer, nur nicht überall, nur nicht für alle.
>
> *Novalis, dt. Dichter der Romantik, 1772–1801*

Die erfolgreichen Methoden des einen sind noch lange nicht geeignet, auch anderen zum Erfolg zu verhelfen. Dass die Gleichheit der Mittel keine Gewähr für einen ähnlichen Effekt bietet, lässt sich an Äsops Fabel vom Esel und vom Schoßhund wunderbar illustrieren:

> Ein Mann hatte einen Schoßhund, den er sehr liebte und der ihn ständig begleitete. Der Hund war recht lebhaft und verspielt und alle freuten sich an seinem Übermut. Der Esel hatte dies beobachtet und weil er meinte, er würde von seinem Herrn benachteiligt, versuchte er durch ähnliche Ausgelassenheiten, seinen Herrn zu erfreuen. Doch die Peitsche lehrte ihn bald, dass die Späßchen des Hundes mit den seinen nicht zu vergleichen waren.
>
> *Äsop, griech. Fabeldichter, ca. 6. Jh. v. Chr.*

> Sei am Tage mit Lust bei den Geschäften, aber mache nur solche, dass du nachts ruhig schlafen kannst.
>
> *Thomas Mann, dt. Schriftsteller, 1875–1955*

> Es gibt Leute, die glauben, alles wäre vernünftig, was mit einem ernsten Gesicht zu tun hat.
>
> *Georg Christoph Lichtenberg, dt. Schriftsteller, 1742–1799*

Verhandeln und Verträge abschließen

Verhandlungen sind zwar tägliches Brot, dennoch ist jede Verhandlung eine Ausnahme- und meist auch Stresssituation. Beide Verhandlungspartner haben Vorgaben und stehen unter Erfolgsdruck. Verhandlungen wollen daher gut vorbereitet sein. Ein Blick in dieses Kapitel wird Sie vor einer Verhandlung vielleicht noch einmal an den einen oder anderen Verhandlungsgrundsatz erinnern, Sie finden hier aber auch Zitate, mit denen Sie die Situation geschickt steuern oder auflockern können.

> Der Kompromiss ist die Kunst, eine Torte so aufzuteilen, dass jeder glaubt, das größte Stück zu haben.
>
> *Paul Henri Spaak, belg. Politiker, 1899–1972*

> Um Erfolg in der Welt zu haben, muss man närrisch scheinen und weise sein.
>
> *Montesquieu, frz. Schriftsteller, 1689–1755*

> Der Vorteil der Klugheit besteht darin, dass man sich dumm stellen kann.
>
> *Kurt Tucholsky, dt. Schriftsteller und Journalist, 1890–1935*

Drum prüfe, wer sich ewig bindet,
Ob sich das Herz zum Herzen findet!

Friedrich Schiller, dt. Dichter, 1759–1805

Merkwürdig, dass man mit einem heißen Eisen in der Hand am schnellsten kalte Füße bekommt.

Danny Kaye, amerik. Schauspieler, 1913–1987

Denn, was uns reizt, das lieben wir verhüllt!

Christian Friedrich Hebbel, dt. Dichter, 1813–1863

Am Regenbogen muss man nicht Wäsche aufhängen wollen.

Christian Friedrich Hebbel, dt. Dichter, 1813–1863

Der Ring macht Ehen,
Und Ringe sind's, die eine Kette machen.

Friedrich Schiller, dt. Dichter, 1759–1805

Auf schnelle Fragen gib langsame Antwort.

Sprichwort

Wenn man alle Gesetze studieren wollte, so hätte man gar keine Zeit, sie zu übertreten.

Johann Wolfgang von Goethe, dt. Dichter, 1749–1832

Noch subversiver ist die Variante von Jean Genet:

Wer die Gesetze nicht kennt, bringt sich um das Vergnügen, gegen sie zu verstoßen.

Jean Genet, frz. Schriftsteller, 1910–1986

Advokaten, die Bratenwender der Gesetze, die so lange die Gesetze wenden und anwenden, bis ein Braten für sie dabei abfällt.

Heinrich Heine, dt. Dichter und Publizist, 1797–1856

Aufs hohe Ross setzen sich meistens diejenigen, die nicht reiten können.

Friedl Beutelrock, dt. Schriftstellerin, 1889–1958

Lieber keinen Erfolg als keinen Entschluss.

Karl Heinrich Waggerl, österr. Schriftsteller, 1897–1973

Das folgende Zitat stammt aus Schillers Drama „Wallenstein". Es hat sich nicht etwa nach Tisch der Sinn der Verhandlungspartner gewandelt, vielmehr wurde der Vertrag, kurz bevor er zur Unterschrift kommen sollte, noch einmal manipuliert, indem man eine wichtige Klausel wegließ.

Ich merkt es wohl, vor Tische las man's anders.

Friedrich Schiller, dt. Dichter, 1759–1805

Das also war des Pudels Kern!

Johann Wolfgang von Goethe, dt. Dichter, 1749–1832

Es ist leichter, zehn praktische Gedanken zu fassen als einen theoretischen, und wiegt auch dementsprechend weniger.

Moritz Heimann, dt. Schriftsteller, 1868–1925

Wer sich bewegen kann, ist nicht verpflichtet, Meinungen zu widerlegen.
Richard Schaukal, österr. Schriftsteller, 1874-1942

Wer gern Recht behält, den überhört man.
Lao Tse, chin. Philosoph, 6. Jh. v. Chr.

Wenn die Seele erst einmal zum Argwohn gespannt ist, so trifft sie auch in allen Kleinigkeiten Bestätigungen an.
Ludwig Tieck, dt. Schriftsteller, 1773-1853

Man muss schon etwas wissen, um verbergen zu können, dass man nichts weiß.
Marie von Ebner-Eschenbach, österr. Erzählerin, 1830-1916

So weit deine Selbstbeherrschung geht, soweit geht deine Freiheit.
Marie von Ebner-Eschenbach, österr. Erzählerin, 1830-1916

Schlagfertigkeit ist etwas, worauf man erst 24 Stunden später kommt.
Mark Twain, amerik. Schriftsteller, 1835-1910

Der Schwache zweifelt vor der Entscheidung; der Starke danach.
Karl Kraus, österr. Schriftsteller und Kritiker, 1874-1936

Diplomatie ist ein Schachspiel, bei dem die Völker matt gesetzt werden.
Karl Kraus, österr. Schriftsteller und Kritiker, 1874-1936

Man kann nicht erwarten, dass ein rundlicher Mann gleich in ein viereckiges Loch passt. Man muss ihm Zeit geben, sich anzupassen.

Mark Twain, amerik. Schriftsteller, 1835–1910

Was wir aufgeben, müssen wir mit freier Wahl aufgeben, nicht wie der Fuchs die Trauben.

Gottfried Keller, schweizer. Schriftsteller, 1819–1890

Es gibt nur eine Sünde, und das ist die Dummheit. – There is no sin but stupidity.

Oscar Wilde, engl. Schriftsteller, 1856–1900

Man kann nicht jedes Unrecht gut-, wohl aber jedes Recht schlecht machen.

Marie von Ebner-Eschenbach, österr. Erzählerin, 1830–1916

Aufschub ist die tödlichste Form der Ablehnung.

Cyril Northcote Parkinson, engl. Historiker, 1909–1993

Doch dünkt mich keine Sünde, den betrügen, Der als ein falscher Spieler hofft zu siegen.

William Shakespeare, engl. Dramatiker, 1564–1616

Was du auch tust, tu es klug und bedenke das Ende! – Quidquid agis, prudenter agas et respice finem.

Herodot, griech. Geschichtsschreiber, ca. 490–430 v. Chr.

Und eh man sich's versieht, ist's eben ein Roman.
Johann Wolfgang von Goethe, dt. Dichter, 1749–1832

Heiß mich nicht reden, heiß mich schweigen,
Denn mein Geheimnis ist mir Pflicht ...
Johann Wolfgang von Goethe, dt. Dichter, 1749–1832

Nur wenn sie reif ist, fällt des Schicksals Frucht.
Friedrich Schiller, dt. Dichter, 1759–1805

Kunst die Dinge ruhen zu lassen: umso mehr, je wütender die Wellen des öffentlichen oder häuslichen Lebens toben.
Baltasar Gracián y Morales, span. Schriftsteller, 1602–1658

Und allzu straff gespannt, zerspringt der Bogen.
Friedrich Schiller, dt. Dichter, 1759–1805

Ich sage wenig, denke desto mehr.
William Shakespeare, engl. Dramatiker, 1564–1616

Lernen am Erfolg / Benchmarking

Ob Sie tatsächlich einen echten Benchmarking-Prozess ins Rollen bringen wollen oder Ihre Organisation mit dem erfolgreichen Konzept einer anderen Abteilung in Ihrem Unternehmen optimieren wollen – in diesem Kapitel werden Sie Argumentationsideen und -futter finden.

Alles Gescheite ist schon gedacht worden, man muss nur versuchen, es noch einmal zu denken.

Johann Wolfgang von Goethe, dt. Dichter, 1749–1832

Die Gefahren anderer pflegen Vorsichtigen von Nutzen zu sein.

Phaedrus, röm. Fabeldichter, gest. um 50 n. Chr.

Kluge Leute lernen auch von ihren Feinden.

Aristoteles, griech. Philosoph, 384–322 v. Chr.

Der Mensch hat dreierlei Wege, klug zu handeln: erstens durch Nachdenken, das ist der edelste; zweitens durch Nachahmen, das ist der leichteste; drittens durch Erfahrung, das ist der bitterste.

Konfuzius, chin. Philosoph, 551–479 v. Chr.

Das Geheimnis des Erfolges ist, den Standpunkt des anderen zu verstehen.

Henry Ford, amerik. Automobilhersteller, 1863–1947

Es gibt Menschen, die auf die Mängel ihrer Freunde sinnen; dabei ist nichts zu gewinnen. Ich habe immer auf die Verdienste meiner Widersacher Acht gehabt und davon Vorteil gezogen.

Johann Wolfgang von Goethe, dt. Dichter, 1749–1832

> Frage lieber einen erfahrenen Mann um Rat als einen Gelehrten.
>
> *Arab. Sprichwort*

> Unsere besten Gedanken sind nicht diejenigen, die wir finden, wenn wir selbst suchen, sondern diejenigen, die wir finden, wenn wir andern Suchenden nachgehen.
>
> *Karl Gutzkow, dt. Schriftsteller, 1811–1878*

> Der Genius weist den Weg, den das Talent geht.
>
> *Marie von Ebner-Eschenbach, österr. Erzählerin, 1830–1916*

Produktion / Technik / Computer

Die Technikeuphorie des ausgehenden 19. und frühen 20. Jahrhunderts wurde von einer großen Technikfeindlichkeit abgelöst, die inzwischen einer eher nüchternen, abwägenden Haltung Platz gemacht hat. All diese Entwicklungen spiegeln sich in den folgenden Zitaten von Goethe über Einstein bis Ron Sommer und Heinrich von Pierer wider:

> Denkt auch daran, dass die Techniker es sind, die erst wahre Demokratie möglich machen. Denn sie erleichtern nicht nur des Menschen Tagwerk, sondern machen auch die Werke der feinsten Denker und Künstler, deren Genuss noch vor

kurzem ein Privileg bevorzugter Klassen war, der Gesamtheit zugänglich und erwecken so die Völker aus schläfriger Stumpfheit.

Albert Einstein, dt. Physiker, 1879-1955

Eine Maschine kann die Arbeit von fünfzig gewöhnlichen Menschen leisten, aber nicht einen einzigen außergewöhnlichen ersetzen.

Elbert Hubbard, amerik. Schriftsteller, 1856-1915

Die Technik selbst ist nur ein Instrument und insofern moralisch ein unbeschriebenes Blatt.

Heinrich von Pierer, ehem. Aufsichtsratsvorsitzender der Siemens AG, geb. 1941

Computer sind die klügsten Idioten, die es gibt.

Norman Mailer, amerik. Schriftsteller, geb. 1923

Dieter Hildebrandt übrigens bezeichnet Computer als „Genieprothesen".

Computer sind die neueste technische Errungenschaft zur wirksamen Verzögerung der Büroarbeit.

Cyril Northcote Parkinson, engl. Historiker, 1909-1993

Das Unsympathische an den Computern ist, dass sie nur ja oder nein sagen können, aber nicht vielleicht.

Brigitte Bardot, frz. Schauspielerin, geb. 1934

Die Unmenschlichkeit des Computers beruht unter anderem darauf, dass er, richtig programmiert und einwandfrei funktionierend, so absolut ehrlich ist.

Isaac Asimov, amerik. Biochemiker und Schriftsteller, 1920–1992

Der Computer ist die logische Weiterentwicklung des Menschen: Intelligenz ohne Moral.

John Osborne, engl. Dramatiker, geb. 1929

Die Kommunikationschancen der neuen elektronischen Medien laufen nicht auf das Zerrbild des „Großen Bruders" hinaus. Sie beleben vielmehr jene demokratischen Werte, die in Bürokratien zu ersticken drohen: Gleichberechtigung, Informations- und Entscheidungsfreiheit, Chancengerechtigkeit. Insofern ist der Chip der beste Lobbyist der Freiheit. Er ist der natürliche Gegenspieler von Bevormundung und Obrigkeit.

Ron Sommer, ehem. Vorstandsvorsitzender der Deutschen Telekom AG, geb. 1949

Die Technik spart uns zwar keine Zeit, aber sie verteilt sie anders.

Helmar Nahr, dt. Mathematiker und Wirtschaftswissenschaftler, 1931–1990

Das Auto ist ein Mittel der Technik, das uns in Stand setzt, in der Regel viel schneller und bequemer die nächste Reparaturwerkstatt zu erreichen, als wir das zu Fuß vermöchten.

Helmar Nahr, dt. Mathematiker und Wirtschaftswissenschaftler, 1931-1990

Zivilisation ist die unablässige Vermehrung unnötiger Notwendigkeiten.

Mark Twain, amerik. Schriftsteller, 1835-1910

Die Technik ist auf dem Wege, eine solche Perfektion zu erreichen, dass der Mensch bald ohne sich selbst auskommt.

Stanislaw Jerzy Lec, poln. Lyriker, 1909-1966

Das überhand nehmende Maschinenwesen quält und ängstigt mich, es wälzt sich heran wie ein Gewitter, langsam, langsam; aber es hat seine Richtung genommen, es wird kommen und treffen.

Johann Wolfgang von Goethe, dt. Dichter, 1749-1832

Aus den Träumen des Frühlings wird im Herbst Marmelade gemacht.

Peter Bamm, dt. Schriftsteller, 1897-1975

Glücklich, wer mit den Verhältnissen zu brechen versteht, ehe sie ihn gebrochen haben!

Franz von Liszt, ungar. Pianist und Komponist, 1811-1886

Softwareprobleme am PC lassen auch schnell schon mal den „menschlichen Speicher" überlaufen:

> Des Menschen Hirn fasst so
> Unendlich viel, und ist doch manchmal auch
> So plötzlich voll! von einer Kleinigkeit
> So plötzlich voll!
>
> *Gotthold Ephraim Lessing, dt. Schriftsteller, 1729–1781*

Maughams Erkenntnis aus dem folgenden Zitat hilft in der Welt der Computer wohl mehr, als in jedem anderen Bereich:

> Sehr lange hat es gedauert, bis ich begriffen habe, wie einfach es ist, ganz offen zu bekennen: „Das verstehe ich nicht."
>
> *William Somerset Maugham, engl. Schriftsteller, 1874–1965*

> Man soll sich nicht über Dinge ärgern, denn das ist ihnen völlig egal.
>
> *Euripides, griech. Dichter, 485 oder 484 – 406 v. Chr.*

> Wer in der schnellsten Branche der Welt müde wird oder in Versuchung gerät, sich auf seinen Erfolgen auszuruhen, für den gehören Erfolge bald zur Vergangenheit. In diesem Markt gibt es nur zweierlei Manager: die schnellen und die toten.
>
> *Erich J. Lejeune, Unternehmer und Motivationstrainer, geb. 1944*

Bill Gates war Anfang der 80er-Jahre noch der Meinung, dass 640 KB für jeden Rechner genügend Speicherkapazität wären. Heute steht in jedem Kinderzimmer schon ein

Produktion / Technik / Computer

PC mit mindestens 64 MB, mit dem noch nicht einmal animierte Spiele vernünftig laufen. Der Computer der Mondlandefähre Apollo hatte 1969 einen Hauptspeicher von gerade einmal 77.832 Bytes!

> Wozu Socken? Sie schaffen nur Löcher!
> *Albert Einstein, dt. Physiker, 1879–1955*

> Ein Bund Stroh aufzuheben, muss man keine Maschine in Bewegung setzen.
> *Gotthold Ephraim Lessing, dt. Schriftsteller, 1729–1781*

> Der Mensch hat angesichts der gewaltigen technischen Umwälzungen mit seiner inneren Entwicklung nicht Schritt gehalten, und daher verfehlt er, sie geistig zu meistern.
> *Emil Oesch, schweizer. Schriftsteller, 1894–1974*

> Schämen sollen sich die Menschen, die sich gedankenlos der Wunder der Wissenschaft und Technik bedienen und nicht mehr davon geistig erfasst haben als die Kuh von der Botanik der Pflanzen, die sie mit Wohlbehagen frisst.
> *Albert Einstein, dt. Physiker, 1879–1955*

> Den schreckt der Berg nicht, der darauf geboren.
> *Friedrich Schiller, dt. Dichter, 1759–1805*

> Die letzten Ausläufer der Kultur enden in der Zivilisation.
> *Gertrud von Le Fort, dt. Schriftstellerin, 1876–1971*

> Es ist gut zu pflügen, wenn der Acker gereinigt ist; aber den Wald und die Stöcke ausrotten und den Acker zurichten, das will niemand.
>
> *Martin Luther, dt. Reformator, 1483–1546*

> Der Wechsel allein ist das Beständige.
>
> *Arthur Schopenhauer, dt. Philosoph, 1788–1860*

Börse / Geld und Finanzen

Reichtum und Armut, Geld und Schulden, Gewinn und Verlust – ein Thema aller Zeiten. Im zweiten Teil von Goethes Faust führt Mephisto ungedecktes Papiergeld ein, mit dem er die staatliche Finanzkrise lösen will – kurzfristig mit Erfolg. Die Szenen erinnern an die Aktieneuphorie um die Jahrtausendwende mit ihrer immens hohen Bewertung der Papiere aus dem Neuen Markt – und daran, wie nahe Fluch und Segen an der Börse beieinander liegen.

> Unser Jahrhundert beweihräuchert den Reichtum. Reichtum ist die Gottheit dieses Jahrhunderts.
>
> *Oscar Wilde, engl. Schriftsteller, 1856–1900*

> Wo Gott der Herr seine Hand hingelegt hatte, haben die „Herren" ihre Hand draufgelegt und Aktien an der Börse auf. Sie sollen den Erdenfleck sehr verschönert haben.
>
> *Wilhelm Raabe, dt. Schriftsteller, 1831–1910*

Der Börsianer lebt von seinen Erfahrungen und Überlegungen und von seinem Spürsinn. Der Engländer sagt: „My home is my castle." Des Börsianers Devise ist: „My nose is my castle."
André Kostolany, amerik. Finanzexperte, 1906-1999

Bereit sein ist alles. – The readiness is all.
William Shakespeare, engl. Dramatiker, 1564-1616

Gleich dem Bildnis des Monds verwandelt das Antlitz des Glücks sich. Zunehmend – abnehmend, kann niemals beständig sein.
Johann Joachim Winckelmann, dt. Archäologe, 1717-1768

Bargeld in der Tasche und gleichzeitig die Absicht zu haben, bei niedrigen Kursen in die Börse einzusteigen, ist dasselbe Vergnügen, wie hungrig zu sein und sich auf dem Weg in ein Restaurant zu befinden.
André Kostolany, amerik. Finanzexperte, 1906-1999

Wer gut essen will, kauft Aktien; wer gut schlafen will, kauft Anleihen.
André Kostolany, amerik. Finanzexperte, 1906-1999

Beim Kaufen muss man Fantasie haben, beim Verkaufen weise sein.
André Kostolany, amerik. Finanzexperte, 1906-1999

Wer den Dollar nicht hat, wenn er zurückgeht, hat ihn auch nicht, wenn er wieder steigt.

André Kostolany, amerik. Finanzexperte, 1906-1999

Die ganze Börse hängt nur davon ab, ob es mehr Aktien gibt als Idioten oder mehr Idioten als Aktien.

André Kostolany, amerik. Finanzexperte, 1906-1999

Der Kleinaktionär ist das Kanonenfutter des Wertpapierhandels.

Helmar Nahr, dt. Mathematiker und Wirtschaftswissenschaftler, 1931-1990

Der Staatspapierkurs, das Thermometer des Volksglücks.

Heinrich Heine, dt. Dichter und Publizist, 1797-1856

Aktiengesellschaften sind der Inbegriff für große Schritte in die Zukunft – der Ausbau der Eisenbahnverbindungen, der Ausbau der Telegrafen- und Fernmeldenetze, die Kontinente umspannten, der Aufbau von Schifffahrtslinien, immer waren es Aktiengesellschaften, die maßgeblich daran beteiligt waren.

Erich J. Lejeune, Unternehmer und Motivationstrainer, geb. 1944

Nichts war so wie vorher nach dem Tag, an dem The Body Shop eine Aktiengesellschaft wurde.

Anita Roddick, Gründerin von The Body Shop, 1942-2007

> Das Kapital eines Dienstleistungsunternehmens ist nicht das Börsenkapital, sondern das Humankapital. Wenn Shareholder-Value zum alleinigen Credo wird, dann stehen Anleger gegen Mitarbeiter.
>
> *Peter Dussmann, dt. Unternehmer, geb. 1938*

Mit den folgenden Worten begründet Peter Dussmann, warum er sein Unternehmen *nicht* an die Börse bringen will:

> In einer Aktiengesellschaft wird kurzfristig und gewinnmaximierend von Geschäftsbericht zu Geschäftsbericht gedacht. In langfristig angelegte Pläne wird nicht investiert.
>
> *Peter Dussmann, dt. Unternehmer, geb. 1938*

> In den Vereinigten Staaten sind die Aktionäre die Eigentümer. Punktum. Sie haben das letzte Wort. Aber wer in Japan die Frage beantwortet, wem ein Unternehmen gehört, würde ganz selbstverständlich sagen, dass es zuerst den Mitarbeitern und dann den Aktionären gehöre. Aus dieser Perspektive – die auch die unsrige ist – ergibt sich die Verpflichtung, langfristig zu denken und zu planen. Ich glaube, dass dies ein Vorteil ist, der uns vor manchen Fehlern bewahren wird.
>
> *Minoru Makihara, Präsident der Mitsubishi Corporation*

> Eine Bank ist ein Ort, an dem man Geld geliehen bekommt, wenn man nachweisen kann, dass man es nicht braucht. – A bank is a place that will lend you money if you can prove that you don't need it.
>
> *Bob Hope, amerik. Komiker, 1903-2003*

> Ein Bankier ist ein Mensch, der einen Schirm verleiht, wenn die Sonne scheint, und der ihn sofort zurückhaben will, wenn es zu regnen beginnt.
>
> *Mark Twain, amerik. Schriftsteller, 1835-1910*

Anita Roddick weiß wovon sie spricht. Als sie die erste Filiale von „The Body Shop" gründen wollte, haben ihr die Banken das Geld dafür verweigert. Ein entfernter Bekannter hat das Risiko gewagt:

> Ich frage mich oft, wie viele fantastische Ideen nur deshalb niemals zum Erfolg kommen, weil es den Leuten, die in diesem Land hinter den Schaltern der Banken sitzen, an Vorstellungskraft und an der Bereitschaft mangelt, auch mal ein Risiko einzugehen.
>
> *Anita Roddick, Gründerin von The Body Shop, 1942-2007*

> Reichtum macht das Herz schneller hart als kochendes Wasser ein Ei.
>
> *Ludwig Börne, dt. Schriftsteller, 1786-1837*

Börse / Geld und Finanzen

Geld macht nicht glücklich, aber reich.
Kilian Emmerich Stephan, Ökonom, 1867-1930

Nur auf den ersten Blick anderer Meinung ist Seneca:

Das Geld hat noch keinen reich gemacht.
Lucius Annaeus Seneca, röm. Politiker, Philosoph und Dichter, ca. 4 v. Chr. - 65 n. Chr.

Wie kommt es, dass der Reichtum seinen Besitzern eher Unglück bringt als Glück, wo nicht gar das furchtbarste Verderben. Die uralten Mythen vom goldenen Vlies und vom Nibelungshort sind sehr bedeutungsvoll. Das Gold ist ein Talisman, worin Dämonen hausen, die alle unsre Wünsche erfüllen, aber uns dennoch gram sind ob des knechtischen Gehorsams, womit sie uns dienen müssen, und diesen Zwang tränken sie uns ein durch geheime Tücke, indem sie eben die Erfüllung unserer Wünsche zu unserem Unheil verkehren und uns daraus alle möglichen Nöte bereiten.
Heinrich Heine, dt. Dichter und Publizist, 1797-1856

Man will Geld verdienen um glücklich zu leben, und die ganze Anstrengung, die beste Kraft eines Lebens konzentriert sich auf den Erwerb dieses Geldes. Das Glück wird vergessen, das Mittel wird Selbstzweck.
Albert Camus, frz. Schriftsteller, 1913-1960

Sollten Sie trotz dieser Warnungen noch immer reich werden wollen – hier einige konkrete Ratschläge für den Weg zum Erfolg:

> Früh zu Bett und früh aufstehen macht gesund, reich und klug. – Early to bed and early to rise makes a man healthy, wealthy, and wise.
>
> *Benjamin Franklin, amerik. Naturwissenschaftler und Politiker, 1706–1790*

> Die Kunst, reich zu werden, besteht nicht aus Geschäften, noch weniger aus Sparsamkeit, sondern aus besserer Ordnung, aus Pünktlichkeit, aus der Fähigkeit, am richtigen Ort zu sein.
>
> *Ralph Waldo Emerson, amerik. Dichter und Philosoph, 1803–1882*

> Volkswirtschaft ist die Lehre von der Notwendigkeit, dass der Mensch ein Auto braucht um Geld zu verdienen, damit er sich ein Auto kaufen kann.
>
> *Robert Lembke, dt. Journalist und Quizmaster, 1913–1989*

> Zivilisation bedeutet, dass die Eskimos warme Wohnungen bekommen und arbeiten müssen, um Geld für Kühlschränke zu verdienen.
>
> *Gabriel Laub, dt.-tschech. Schriftsteller, 1928–1998*

Man könnte viele Beispiele für unsinnige Ausgaben nennen, aber keines ist treffender als die Errichtung einer Friedhofsmauer. Die, die drinnen sind, können ohnehin nicht hinaus, und die, die draußen sind, wollen nicht hinein.

Mark Twain, amerik. Schriftsteller, 1835–1910

Nicht Geld schafft Geld, Ideen schaffen Geld.

Theo Lieven, Unternehmer, Mitgründer der VOBIS AG, geb. 1952

Geld erleichtert das Leben. Aber man kann nicht mehr als ein Steak essen.

Beate Uhse, dt. Unternehmerin, 1919–2000

Das Geld gleicht dem Seewasser. Je mehr davon getrunken wird, desto durstiger wird man.

Arthur Schopenhauer, dt. Philosoph, 1788–1860

Bankraub ist eine Unternehmung von Dilettanten. Wahre Profis gründen eine Bank.

Bertolt Brecht, dt. Schriftsteller, 1898–1956

Ich glaube, die Funktion von Profit besteht nicht darin, noch mehr Profit zu machen, sondern darin, die Räder sozialer Bewegung, sozialen Fortschritts zu ölen, für gute Sachen einzutreten und Veränderungen voranzutreiben.

Anita Roddick, Gründerin von The Body Shop, 1942–2007

> Was ich in dreißig Jahren gelernt habe, ist die Erkenntnis, dass Profit die Basis für Eigenkapital ist, das sich in neue Arbeitsplätze umsetzen lässt.
>
> *Heinz Nixdorf, dt. Unternehmer, 1925–1986*

> Wenn wir es schaffen, Moral und Ethik in unser wirtschaftliches Handeln mit einzubeziehen, werden wir noch größeren Erfolg haben. Zu Deutsch: mehr Geld verdienen.
>
> *Daniel Goeudevert, dt. Industriemanager, geb. 1942*

> Ein Geschäft, bei dem man nichts außer Geld verdient, ist kein Geschäft.
>
> *Henry Ford, amerik. Automobilhersteller, 1863–1947*

> Wer immer „ja" sagt, macht Umsatz. Wer auch mal „nein" sagt, macht Gewinn.
>
> *Spruch*

Das Thema Sparen, Kostenreduzierung oder Lean Management kann man auch als „Unternehmensdiät" begreifen. In jedem Falle gilt:

> Das Erste, was man bei einer Abmagerungskur verliert, ist die gute Laune.
>
> *Gert Fröbe, dt. Schauspieler, 1913–1988*

> Man muss weniger essen und trotzdem satt sein, das ist die Kunst.
>
> *Manfred Nerlinger, dt. Gewichtheber, geb. 1960*

Börse / Geld und Finanzen

Wenn's umsonst ist, ess ich warm.
Beate Uhse, dt. Unternehmerin, 1919-2001

Es gibt Leute, die gut zahlen, die prompt zahlen, die nie zahlen, Leute, die schleppend zahlen, Leute, die bar zahlen, die abzahlen, draufzahlen, heimzahlen – nur Leute, die gern zahlen, die gibt es nicht.
Georg Christoph Lichtenberg, dt. Schriftsteller, 1742-1799

Im Deutschen reimt sich Geld auf Welt: Es ist kaum möglich, dass es einen vernünftigeren Reim gebe.
Georg Christoph Lichtenberg, dt. Schriftsteller, 1742-1799

Was der liebe Gott vom Gelde hält, kann man an den Leuten sehen, denen er es gibt.
Peter Bamm, dt. Schriftsteller, 1897-1975

Geldleute lesen gründlicher als Bücherliebhaber. Sie wissen besser, was für Nachteile aus flüchtiger Lektüre entstehen können.
Bertolt Brecht, dt. Schriftsteller, 1898-1956

In der Beschränkung zeigt sich erst der Meister.
Johann Wolfgang von Goethe, dt. Dichter, 1749-1832

Heutzutage kennen die Leute von allem den Preis und nicht den Wert.
Oscar Wilde, engl. Schriftsteller, 1856-1900

Meine güldenen Dukaten,
Sagt, wo seid ihr hingeraten?
Heinrich Heine, dt. Dichter und Publizist, 1797–1856

Auf dieser Welt ist nichts sicher, außer der Tod und die Steuern. – In this world nothing can be said to be certain, except death and taxes.
Benjamin Franklin, amerik. Politiker, 1706–1790

Ihr klagt über die vielen Steuern? Unsere Trägheit nimmt uns zweimal, unsere Eitelkeit dreimal soviel und unsere Torheit viermal soviel ab.
Benjamin Franklin, amerik. Politiker, 1706–1790

Die Kunst, Steuern einzunehmen, besteht darin, die Gans zu rupfen, ohne dass sie schreit.
Maximilien de Bethune, frz. Finanzminister, 1560–1641

Steuern sind ein erlaubter Fall von Raub.
Thomas von Aquin, ital. Theologe und Philosoph, 1225–1274

Wird es nicht alle Tage schlimmer?
Gehorchen soll man mehr als immer
Und zahlen mehr als je vorher.
Johann Wolfgang von Goethe, dt. Dichter, 1749–1832

Wir wollen alle Tage sparen
Und brauchen alle Tage mehr.
Johann Wolfgang von Goethe, dt. Dichter, 1749–1832

Mancher will wie ein Fürst bedient werden und wie ein Handwerker bezahlen.
Sprichwort

Der Grund aller Verkehrtheit in Gesinnungen und Meinungen ist – Verwechselung des Zwecks mit dem Mittel.
Novalis, dt. Dichter der Romantik, 1772–1801

Das Geld zieht nur den Eigennutz an und führt stets unwiderstehlich zum Missbrauch.
Albert Einstein, dt. Physiker, 1879–1955

Der moderne Mensch betrachtet Geld als ein Mittel, zu mehr Geld zu kommen.
Bertrand Russell, engl. Philosoph, 1872–1970

Geld wird nicht mehr nur als Transaktionsmittel benutzt zum Zwecke der Finanzierung, sondern Geld wird gehandelt wie eine Ware.
Alfred Herrhausen, dt. Bankmanager, 1930–1989

Die höchste Bewunderung aber trifft den, auf den das Geld keinen Eindruck macht.
Marcus Tullius Cicero, röm. Staatsmann und Redner, 106–43 v. Chr.

Vielleicht wollen Sie ja das Gegenteil davon beweisen:

Das sicherste Mittel, um arm zu bleiben, ist, ein ehrlicher Mensch zu sein.
Napoleon I., frz. Kaiser, 1769–1821

Der Schuldenmacher gräbt ein Loch, und ein zweites, um die Erde hineinzubringen.
Wilhelm Busch, dt. Dichter und Maler, 1832-1908

Wem Fortuna ein Haus schenkt, dem schenkt sie auch Möbeln.
Wilhelm Busch, dt. Dichter und Maler, 1832-1908

Geld gleicht dem Dünger, der wertlos ist, wenn man ihn nicht ausbreitet.
Francis Bacon, engl. Philosoph und Politiker, 1561-1626

Vielleicht die beste Eigenschaft des Geldes liegt darin, dass man damit Freude bereiten kann. Aber nur die wenigsten nützen das auch.
Pearl S. Buck, amerik. Schriftstellerin, 1892-1973

Wenn man das Geld richtig behandelt, ist es wie ein folgsamer Hund, der einem nachläuft.
Howard R. Hughes, amerik. Industrieller und Erfinder, 1905-1976

Dem Geld darf man nicht nachlaufen. Man muss ihm entgegengehen.
Aristoteles Onassis, griech. Reeder, 1906-1975

Ach! Reines Glück genießt doch nie, wer zahlen soll und weiß nicht wie.
Wilhelm Busch, dt. Dichter und Maler, 1832-1908

Sorgt immer für den Augenblick, und Gott lass't für die Zukunft sorgen.
Christoph Martin Wieland, dt. Dichter, 1733-1813

Wenn man nicht weiß, wovon einer lebt, so ist das noch der günstigere Fall. Auch die Volkswirtschaft soll der Fantasie etwas Spielraum lassen.

Karl Kraus, österr. Schriftsteller und Kritiker, 1874–1936

Das Alte stürzt, es ändert sich die Zeit, und neues Leben blüht aus den Ruinen.

Friedrich Schiller, dt. Dichter, 1759–1805

Aber hier, wie überhaupt, kommt es anders, als man glaubt.

Wilhelm Busch, dt. Dichter und Maler, 1832–1908

In der ersten Hälfte unseres Lebens opfern wir die Gesundheit um Geld zu erwerben, in der zweiten Hälfte opfern wir unser Geld um die Gesundheit wiederzuerlangen.

Voltaire, frz. Schriftsteller und Philosoph, 1694–1778

Jede Wirtschaft beruht auf dem Kreditsystem, das heißt, auf der irrtümlichen Annahme, der andere werde gepumptes Geld zurückzahlen.

Kurt Tucholsky, dt. Schriftsteller und Journalist, 1890–1935

Wenn ein Mensch behauptet, mit Geld lasse sich alles erreichen, darf man sicher sein, dass er nie welches gehabt hat.

Aristoteles Onassis, griech. Reeder, 1906–1975

Ist das nötige Geld vorhanden, ist das Ende meistens gut.
Bertolt Brecht, dt. Schriftsteller, 1898–1956

Als ich jung war, glaubte ich, Geld sei das Wichtigste im Leben; jetzt wo ich alt bin, weiß ich, dass es das Wichtigste ist.
Oscar Wilde, engl. Schriftsteller, 1856–1900

Kennzahlen / Statistik / Bilanzen

Die meisten Zitate, die zu diesem Themenkreis passen, finden Sie im Kapitel „Börse / Geld und Finanzen" (S. 166). Hier sind zusätzlich noch einige ganz spezifische Zitate zusammengestellt.

Antizyklische Finanzpolitik besteht darin, den jährlichen Etatzuwachs mit konjunkturgerecht wechselnden Formulierungen zu begründen.
Helmar Nahr, dt. Mathematiker und Wirtschaftswissenschaftler, 1931–1990

Hier sind zwei Gesellschaften, eine jede von zehn Individuen: In der ersten finden wir einen Heiligen, drei Verbrecher und sechs vom Durchschnitt; in der zweiten zwei Verbrecher und acht vom Durchschnitt. Welches ist die bessere? Die Statistik sagt: diese, die zweite. Aber nur die Statistik sagt dies.
Moritz Heimann, dt. Schriftsteller, 1868–1925

Kennzahlen / Statistik / Bilanzen

> Ich glaube erst an Statistiken, wenn ich sie selbst gefälscht habe.
> *Winston Churchill, brit. Politiker und Schriftsteller, 1874-1965*

> Ich stehe Statistiken etwas skeptisch gegenüber. Denn laut Statistik haben ein Millionär und ein armer Kerl jeder eine halbe Million.
> *Franklin Delano Roosevelt, 32. Präsident der USA, 1882-1945*

> Es gibt drei Arten von Lügen: Lügen, verdammte Lügen und Statistiken. – There are three kind of lies: lies, damned lies, and statistics.
> *Benjamin Disraeli, engl. Schriftsteller und Politiker, 1804-1881*

> Die gefährlichsten Wahrheiten sind Wahrheiten, mäßig entstellt.
> *Georg Christoph Lichtenberg, dt. Schriftsteller, 1742-1799*

Dass in eine Bilanz nicht nur das unmittelbar Naheliegende einfließen muss, sondern noch vieles andere mit zu bedenken ist – dafür kann das folgende Zitat von Alfred Hitchcock ein schönes Beispiel liefern:

> Ein Film ist gut, wenn das Geld für Eintritt, Essengehen und Babysitter es wert waren. – A good film is when the price of admission, dinner and the babysitter were well worth it.
> *Alfred Hitchcock, engl. Regisseur, 1899-1980*

Bilanzen sind wie Bikinis: Das Interessanteste zeigen sie nicht.
Cyril Northcote Parkinson, engl. Historiker, 1909-1993

Probleme mit Geld sind besser als Probleme ohne Geld.
Malcolm Stevenson Forbes, amerik. Verleger, 1919-1990

Die Notwendigkeit ist jedem Urteil entzogen; auch dem zustimmenden.
Moritz Heimann, dt. Schriftsteller, 1868-1925

Gefährlich ist's, den Leu zu wecken,
Verderblich ist des Tigers Zahn,
Jedoch der schrecklichste der Schrecken,
Das ist der Mensch in seinem Wahn.
Friedrich Schiller, dt. Dichter, 1759-1805

Pressearbeit / Public Relations

Presse- und Öffentlichkeitsarbeit umfasst inhaltlich die verschiedensten Bereiche. In dieses Kapitel wurden deshalb vor allem solche Zitate aufgenommen, die sich mit der Presse, mit Öffentlichkeit und mit PR-Strategien auch in schwierigen Zeiten beschäftigen; dazu solche, die Ihnen Tipps geben, wie Pressearbeit betrieben werden kann. (Unter Kollegen oder bei Konferenzen werden Sie das eine oder andere Zitat sicher gebrauchen können.) Zitate, die Sie inhaltlich für Ihre Presse- und PR-Arbeit einsetzen können – von der Konferenz bis zur schriftlichen Kommunikation mit Kunden und Geschäftspartnern – finden Sie in den Kapiteln zum entsprechenden Thema.

> Ein Unternehmen ohne Öffentlichkeitsarbeit ist wie ein Mann, der einem Mädchen im Dunkeln zuwinkt: Er weiß zwar, was er will, aber das Mädchen sieht ihn nicht.
>
> *Wolfgang Müller-Michaelis, Unternehmensberater, geb. 1937*

> Es ist gut, eine Sache sofort doppelt auszudrücken und ihr einen rechten und linken Fuß zu geben. Auf einem Bein kann die Wahrheit zwar stehen; mit zweien aber wird sie gehen und herumkommen.
>
> *Friedrich Nietzsche, dt. Philosoph, 1844–1900*

Es ist nicht genug, eine Sache zu beweisen, man muss die Menschen zu ihr auch noch verführen.

Friedrich Nietzsche, dt. Philosoph, 1844–1900

Wir lernten sehr schnell, dass unkomplizierte Bilder, die das Gefühl ansprachen, das richtige Rezept waren, um zu kommunizieren.

Anita Roddick, Gründerin von The Body Shop, 1942–2007

Je weniger die Leute davon wissen, wie Würste und Gesetze gemacht werden, desto besser schlafen sie.

Otto von Bismarck, dt. Politiker, 1815–1898

Die ganze Kunst des Redens besteht darin, zu wissen, was man nicht sagen darf.

George Canning, brit. Politiker, 1770–1827

Wer glaubwürdig sein will, muss den ständigen Dialog suchen.

Heinz M. Goldmann, Unternehmensberater, geb. 1919

Wo Nachrichten fehlen, wachsen die Gerüchte.

Alberto Moravia, ital. Schriftsteller, 1907–1990

Wer sich mit wenig Ruhm begnügt, verdient nicht vielen.

Marie von Ebner-Eschenbach, österr. Erzählerin, 1830–1916

Wenn man eine Marke bekannt machen will, gibt es zwei Wege: der eine ist, sehr viel Geld in PR und Werbung zu investieren. Der andere ist, Aufsehen zu erregen.

Otto Kern, dt. Modemacher, geb. 1952

Der Journalismus ist ein Terminhandel, bei dem das Getreide auch in der Idee nicht vorhanden ist, aber effektives Stroh gedroschen wird.

Karl Kraus, österr. Schriftsteller und Kritiker, 1874-1936

Im Auslegen seid frisch und munter! Legt ihr's nicht aus, so legt was unter.

Johann Wolfgang von Goethe, dt. Dichter, 1749-1832

Gegen die Kritik kann man sich weder schützen noch wehren; man muss ihr zum Trutz handeln, und das lässt sie sich nach und nach gefallen.

Johann Wolfgang von Goethe, dt. Dichter, 1749-1832

Es gibt nur eins, das schlimmer ist, als wenn die Leute über einen reden, und das ist, wenn sie nicht über einen reden. – There is only one thing in the world worse than being talked about, and that is not being talked about.

Oscar Wilde, engl. Schriftsteller, 1856-1900

Der Rezensent braucht nicht besser machen zu können, was er tadelt.

Gotthold Ephraim Lessing, dt. Schriftsteller, 1729–1781

Wo die Wahrheit bekämpft werden muss, da hat sie schon gesiegt.

Carl Gustav Jochmann, dt. Schriftsteller, 1789–1830

Es ist nichts im Innern wesentlich, das nicht zugleich im Äußern wahrgenommen wird.

Hugo von Hofmannsthal, österr. Dichter, 1874–1929

Wenn Schnee fällt: Das ist die bequemste Weise, alle Teufel weiß zu machen.

Christian Friedrich Hebbel, dt. Dichter, 1813–1863

Erwirbt ein Erdensohn sich Lob und Preis, Gleich bildet sich um ihn ein Sagenkreis.

Conrad Ferdinand Meyer, schweizer. Dichter, 1825–1898

Man muss in den Dreck hineingeschlagen haben, um zu wissen, wie weit er spritzt.

Wilhelm Raabe, dt. Schriftsteller, 1831–1910

Man behält immer die Spuren seiner Abstammung. – On garde toujours la marque de ses origines.

Ernest Renan, frz. Schriftsteller, 1823–1892

Berühmtheit: der Vorzug, von jenen gekannt zu werden, die einen nicht kennen. – Célébrité:

l'avantage d'être connu de ceux qui ne vous connaissent pas.

Chamfort, frz. Schriftsteller, 1741–1794

Wir sollten aus keinem Gedanken mehr machen, als er aus uns macht.

Moritz Heimann, dt. Schriftsteller, 1868–1925

Unser Ansehen beruht mehr auf dem Geheimhalten als auf dem Tun.

Baltasar Gracián y Morales, span. Schriftsteller, 1602–1658

Fragen sind nie indiskret. Antworten zuweilen. – Questions are never indiscreet. Answers sometimes are.

Oscar Wilde, engl. Schriftsteller, 1856–1900

Der gute Ruf geht weit, aber unendlich weiter geht der schlechte Ruf.

Serb. Sprichwort

Konflikte meistern

Meinungsverschiedenheiten, Profilierungskämpfe, Antipathien, Ellbogenmentalität – das gehört überall, wo Menschen zusammenarbeiten, zum Alltag. Konfliktsituationen zählen jedoch nicht zu den Standardsituationen, in denen ein Zitat immer gut passen würde. Besonders Konflikte, die in einem Gespräch unter vier Augen gelöst werden müssen – zum Beispiel in einem Mitarbeitergespräch –, können nicht mit „klugen Sprüchen" abgetan werden. Sprechen Sie in solchen Situationen mit eigenen Worten und in aller Offenheit das Problem an – egal ob als Chef oder als Mitarbeiter. Zitate wirken da schnell wie ein Rückzug oder eine Ausflucht und untergraben eher die Stärke Ihrer Position, als dass Sie Ihnen zu Hilfe kämen. Je heikler eine Konfliktsituation ist und je intimer der Rahmen, desto unangebrachter sind Zitate.

Anders verhält es sich im größeren Kreis, wenn Sie selbst nicht direkt am Konflikt beteiligt sind und ausgleichen können. Hier können Zitate wunderbare Dienste leisten, weil sie die Situation auflockern und für einen Moment vom Konfliktgegenstand ablenken. Das hilft oft schon, um die Wogen so weit zu glätten, dass in ruhigeren Gewässern ein klärendes Gespräch möglich wird.

Bevor bestimmte Konfliktsituationen behandelt werden, hier noch einige allgemeine Zitate zum Thema „Konflikte meistern":

> Da man Macht haben muss, um das Gute durchzusetzen, setzt man zunächst das Schlechte durch, um Macht zu gewinnen.
> *Ludwig Marcuse, dt. Philosoph und Literaturkritiker, 1894–1971*

> Wer sich ärgert, büßt die Sünden anderer Menschen.
> *Konrad Adenauer, dt. Politiker (CDU), 1876–1967*

Jeder hat das Recht auf seine eigene Meinung, aber er hat keinen Anspruch darauf, dass andere sie teilen.

Manfred Rommel, dt. Politiker (CDU), geb. 1928

Die Welt, durch Vernunft dividiert, geht nicht auf.

Johann Wolfgang von Goethe, dt. Dichter, 1749–1832

Humor ist der Knopf, der verhindert, dass uns der Kragen platzt.

Joachim Ringelnatz, dt. Schriftsteller, 1883–1934

Der Kreislauf bleibt erfreulich munter,
schluckt man nicht alles stumm hinunter.

Kalenderspruch

Am meisten fühlt man sich von Wahrheiten getroffen, die man sich selbst verheimlichen wollte.

Friedl Beutelrock, dt. Schriftstellerin, 1889–1958

Die Idee des Rechts kann nun keine andere sein als die Gerechtigkeit.

Gustav Radbruch, dt. Jurist, 1878–1949

Das größte Gegenmittel gegen den Zorn ist der Aufschub.

Lucius Annaeus Seneca, röm. Politiker und Dichter, ca. 4 v. Chr. – 65 n. Chr.

Wenn der andre sich mit allen seinen Fehlern, die er noch besser kennt als ich, erträgt, warum sollte ich ihn nicht ertragen?

Jean Paul, dt. Schriftsteller, 1763–1825

Wenn unsere Freunde uns betrogen haben, sollen wir gegen ihre freundschaftlichen Gesten, aber nie gegen ihr Unglück gleichgültig sein.

François de La Rochefoucauld, frz. Schriftsteller, 1613–1680

Gott hat den Menschen erschaffen, weil er vom Affen enttäuscht war. Danach hat er auf weitere Experimente verzichtet.

Mark Twain, amerik. Schriftsteller, 1835–1910

Schlechte Atmosphäre zwischen den Kollegen

Der gängigste Konfliktfall sind kollegiale Probleme – verschiedene Mentalitäten prallen aufeinander, unterschiedliche Ansichten, andere Arbeitsstile. Meist kündigen sich Konflikte schon früh an, werden dann aber so lange unterdrückt, bis die Situation eskaliert und Ausgleich nur noch schwer möglich ist. Achten Sie auf solche Signale und begegnen Sie den Problemen, bevor es wirklich welche werden. Sie finden in diesem Kapitel Zitate, die Ihnen Leitfaden für Ihren Umgang mit Konflikten sein können, und solche, die Sie im Konfliktfall einsetzen können.

Natürlich fehlen auch die „bösen" Zitate nicht, die sich über typische Streitfälle lustig machen.

> Dass wir miteinander reden können, macht uns zu Menschen.
> *Karl Jaspers, dt. Philosoph, 1883-1969*

> Toleranz darf nicht bestehen gegenüber der Intoleranz, wenn diese nicht als ungefährliche, private Verschrobenheit gleichgültig behandelt werden darf. Es darf keine Freiheit geben zur Zerstörung der Freiheit.
> *Karl Jaspers, dt. Philosoph, 1883-1969*

> Die schlimmste Art der Ungerechtigkeit ist die vorgespielte Gerechtigkeit.
> *Platon, griech. Philosoph, ca. 428-348 v. Chr.*

> Gleichgültigkeit ist die mildeste Form der Intoleranz.
> *Karl Jaspers, dt. Philosoph, 1883-1969*

> Wer zu laut und zu oft seinen eigenen Namen kräht, erweckt den Verdacht, auf einem Misthaufen zu stehen.
> *Otto von Leixner, dt. Schriftsteller, 1847-1907*

> Nehmen Sie die Menschen, wie sie sind, andere gibt es nicht.
> *Konrad Adenauer, dt. Politiker (CDU), 1876-1967*

Wie oft halten wir für Unversöhnlichkeit der Ansichten, was nichts anderes ist als Verschiedenheit der Temperamente.

Arthur Schnitzler, österr. Schriftsteller, 1862–1931

Das ist freilich auch wahr: Ein vollkommen guter Mensch wäre für nichts zu gebrauchen.

Karl Heinrich Waggerl, österr. Schriftsteller, 1897–1973

Der Gewinn anderer wird fast wie ein eigener Verlust empfunden.

Wilhelm Busch, dt. Dichter und Maler, 1832–1908

Es regnete so stark, dass alle Schweine rein und alle Menschen dreckig wurden.

Georg Christoph Lichtenberg, dt. Schriftsteller, 1742–1799

Leute, die immer die Gescheiteren sein wollen, sind genötigt, an diese ununterbrochene Mühe so viel Intensität des Verstandes zu wenden, dass sie am Ende meistens die Dümmeren gewesen sind.

Arthur Schnitzler, österr. Schriftsteller, 1862–1931

Das Streben nach Vollkommenheit macht manchen Menschen vollkommen unerträglich.

Pearl S. Buck, amerik. Schriftstellerin, 1892–1973

Wer die anderen neben sich klein macht, ist nie groß.

Johann Gottfried Seume, dt. Dichter, 1763–1810

Es ist fast unmöglich, die Fackel der Wahrheit durch ein Gedränge zu tragen, ohne jemandem den Bart zu sengen.
Georg Christoph Lichtenberg, dt. Schriftsteller, 1742-1799

Widerwärtigkeiten sind Pillen, die man schlucken muss, nicht kauen.
Georg Christoph Lichtenberg, dt. Schriftsteller, 1742-1799

Über nichts regen sich die Leute so sehr auf wie gerade über die Dinge, die sie gar nichts angehen.
Albert Schweitzer, dt.-frz. Arzt und Kulturphilosoph, 1875-1965

So fühlt man Absicht, und man ist verstimmt.
Johann Wolfgang von Goethe, dt. Dichter, 1749-1832

Die schärfsten Kritiker der Elche waren früher selber welche.
Robert Gernhardt, dt. Schriftsteller, 1937-2006

Von einer schweren Kränkung kann man sich nur erholen, indem man vergibt.
Alan Paton, südafrikan. Schriftsteller, 1903-1988

Als ob ein Stück von meinem Hornvieh spräche.
Heinrich von Kleist, dt. Dramatiker und Erzähler, 1777-1811

Unsere Pflichten, das sind die Rechte anderer auf uns.
Friedrich Nietzsche, dt. Philosoph, 1844-1900

Erwarte nicht von Fremden, dass sie das für dich tun, was du selbst tun kannst.
Quintus Ennius, röm. Dichter, 239-169 v. Chr.

Wer sich zu wichtig für kleinere Arbeiten hält, ist meistens zu klein für wichtige Aufgaben.
Jacques Tati, frz. Schauspieler und Regisseur, 1908-1982

Fanatismus ist die hochexplosive Mischung von Engstirnigkeit und Fantasie.
Herbert von Karajan, österr. Dirigent, 1908-1989

Wenn wir fehlerfrei wären, würde es uns nicht so viel Vergnügen bereiten, sie an anderen festzustellen.
Horaz, röm. Dichter, 65-8 v. Chr.

Hartnäckige Übellaunigkeit ist ein allzu klares Symptom dafür, dass ein Mensch gegen seine Bestimmung lebt.
José Ortega y Gasset, span. Kulturphilosoph, 1883-1955

Nicht unbedingt zum Gebrauch empfohlen ist der folgende Ausspruch – doch wie könnte das berühmte Goetz-Zitat fehlen, wenn es um Konflikte geht? Und wenn Sie es doch einmal zitieren „müssen", dann wenigstens das Original. Bedenken Sie aber lieber zuvor die Warnung der beiden danach folgenden Sprichwörter.

Er aber, sag's ihm, er kann mich im Arsch lecken.
Johann Wolfgang von Goethe, dt. Dichter, 1749-1832

Das Wort ist wie ein Pfeil, der, einmal von der Sehne geschnellt, nicht zurückgehalten werden kann.
Arab. Sprichwort

Man braucht viele Worte, um ein Wort zurückzunehmen.
Sprichwort

Wir sind geborene Polizisten. Was ist Klatsch andres als Unterhaltung von Polizisten ohne Exekutivgewalt.
Christian Morgenstern, dt. Schriftsteller, 1871-1914

Lasst uns schweigen, Freunde!
Senkt das Banner! Dorlamm irrt.
Doch formulieren kann er.
Robert Gernhardt, dt. Schriftsteller, 1937-2006

Man wünscht sich den Bösen träge und schweigsam den Dummkopf. – On souhaite la paresse d'un méchant et le silence d'un sot.
Chamfort, frz. Schriftsteller, 1741-1794

Der Undank ist immer eine Art Schwäche. Ich habe nie gesehen, dass tüchtige Menschen undankbar gewesen wären.
Johann Wolfgang von Goethe, dt. Dichter, 1749-1832

> Manch einer gelangt deshalb an die Spitze, weil er keine Fähigkeit besitzt, derentwegen man ihn unten festhalten möchte.
>
> *Peter Ustinov, engl. Schauspieler und Schriftsteller, 1921–2004*

> Er nahm wohl einen Fußtritt hin, aber er musste von einem gewichsten Stiefel appliziert werden.
>
> *Christian Friedrich Hebbel, dt. Dichter, 1813–1863*

> Ein edler Mensch zieht edle Menschen an und weiß, sie festzuhalten.
>
> *Johann Wolfgang von Goethe, dt. Dichter, 1749–1832*

Schließlich muss man Konflikte nicht immer negativ sehen, denn:

> Wenn zwei Menschen immer dasselbe denken, ist einer von ihnen überflüssig.
>
> *Winston Churchill, brit. Politiker und Schriftsteller, 1874–1965*

Konrad Adenauer sieht denselben Sachverhalt etwas kritischer:

> Wenn zwei Menschen immer die gleiche Meinung haben, taugen beide nichts.
>
> *Konrad Adenauer, dt. Politiker (CDU), 1876–1967*

> Wer seinen Nächsten verurteilt, der kann irren. Wer ihm verzeiht, der irrt nie.
>
> *Karl Heinrich Waggerl, österr. Schriftsteller, 1897–1973*

Mit Pannen und Misserfolgen umgehen

So selbstverständlich Pannen und Misserfolge nun mal zum Leben gehören, so schwer fällt uns in der Regel der Umgang damit. Vielleicht steckt ein Stück Aberglaube dahinter, dass kaum jemand sich darauf vorbereitet, souverän mit einem persönlichen Misserfolg umzugehen. Wie oft werden Misserfolge verschwiegen, heruntergespielt oder einfach ausgesessen. Das mag zwar momentan helfen, doch meist verspielt man sich auf diese Weise wertvolle Sympathien und gibt ein Stück Glaubwürdigkeit preis. Andererseits können Misserfolge und Pannen für ein Unternehmen wie für Einzelpersonen auch als Korrektiv benutzt werden – allerdings nur, wenn man ihren Ursachen auf den Grund geht. Denken Sie zum Beispiel an ein kluges Beschwerdemanagement (siehe auch Kapitel „Kundenbindung und Beschwerdemanagement, S. 73). Wo auch immer Ihnen oder Ihren Kollegen Pannen unterlaufen sind, ob Sie selbst Rat und Trost suchen oder weitergeben wollen, die folgenden Zitate werden Ihnen den Umgang mit Pannen und Misserfolgen vielleicht leichter machen.

> Irrtümer sind ironische Wegweiser zur Wahrheit.
>
> *Adolf Reitz, dt. Essayist, 1884–1964*

> Ein ehrlicher Misserfolg ist keine Schande; Furcht vor Misserfolg dagegen ist eine Schande.
>
> *Henry Ford, amerik. Automobilhersteller, 1863–1947*

> Es ist falsch, wenn man sagt, der Erfolg verderbe den Menschen. Die meisten Menschen werden durch den Misserfolg verdorben.
>
> *Karl Popper, brit.-österr. Philosoph, 1902-1994*

> Kleine Seelen werden durch Erfolge übermütig, durch Misserfolge niedergeschlagen.
>
> *Epikur, griech. Philosoph, 341-270*

Wenn Ihnen einmal etwas gar nicht einleuchten mag, womit andere prima zurechtkommen, und die Situation peinlich zu werden droht, können Sie mit einem der beiden folgenden Zitate die Lacher auf Ihre Seite bringen:

> Das Recht auf Dummheit gehört zur Garantie der freien Entfaltung der Persönlichkeit.
>
> *Mark Twain, amerik. Schriftsteller, 1835-1910*

> Ich bin vielseitig ungebildet.
>
> *Robert Musil, österr. Schriftsteller, 1880-1942*

> Glück ist ein Stuhl, der plötzlich dasteht, wenn man sich zwischen zwei andere setzen will.
>
> *George Bernard Shaw, irischer Schriftsteller, 1856-1950*

> Bedenke stets, dir im Unglück Gleichmut zu bewahren! – Aequam memento rebus in arduis, servare mentem.
>
> *Horaz, röm. Dichter, 65-8 v. Chr.*

Erfahrungen wären nur dann von Wert, wenn man sie hätte, ehe man sie machen muss.
Karl Heinrich Waggerl, österr. Schriftsteller, 1897-1973

Wer a sagt, der muss nicht b sagen. Er kann auch erkennen, dass a falsch war.
Bertolt Brecht, dt. Schriftsteller, 1898-1956

Eine Erkenntnis von heute kann die Tochter eines Irrtums von gestern sein.
Marie von Ebner-Eschenbach, österr. Erzählerin, 1830-1916

Und er kommt zu dem Ergebnis:
Nur ein Traum war das Erlebnis.
Weil, so schließt er messerscharf,
nicht sein kann, was nicht sein darf.
Christian Morgenstern, dt. Schriftsteller, 1871-1914

Unter Intuition versteht man die Fähigkeit gewisser Leute, eine Lage in Sekundenschnelle falsch zu beurteilen.
Friedrich Dürrenmatt, schweizer. Schriftsteller, 1921-1990

Je planmäßiger ein Mensch vorgeht, desto wirksamer vermag ihn der Zufall zu treffen.
Friedrich Dürrenmatt, schweizer. Schriftsteller, 1921-1990

Mit größerer Majestät hat noch nie ein Verstand stillgestanden.
Georg Christoph Lichtenberg, dt. Schriftsteller, 1742-1799

Was Menschen Übles tun, das überlebt sie, das Gute wird mit ihnen oft begraben.
William Shakespeare, engl. Dramatiker, 1564–1616

Das Schämen kann überall an seiner rechten Stelle sein, nur bei dem Bekenntnisse unserer Fehler nicht.
Gotthold Ephraim Lessing, dt. Schriftsteller, 1729–1781

Dass doch die Einfalt immer Recht behält!
Gotthold Ephraim Lessing, dt. Schriftsteller, 1729–1781

Jeder Verlust ist für ein Glück zu achten, der höhere Gewinne zu Wege bringt.
Jacob Grimm, dt. Sprach- und Literaturwissenschaftler, 1785–1863

Zwei Dinge sind unendlich: Das Universum und die menschliche Dummheit, aber beim Universum bin ich mir noch nicht ganz sicher.
Albert Einstein, dt. Physiker, 1879–1955

Du solltest, musst du Lehrgeld zahlen,
nicht knirschend mit den Zähnen mahlen:
Es ist doch das auf dieser Welt
am besten angelegte Geld.
Karl-Heinz Söhler, dt. Publizist, 1923–2005

Wenn man im Leben keinen Erfolg hat, braucht man sich deshalb nicht ohne weiteres für einen Idealisten zu halten.
Henry Miller, amerik. Schriftsteller, 1891–1980

Jeder junger Doctor mus haben
Ein newen Kirchhoff zum begraben.

Georg Rollenhagen, dt. Dichter, 1542-1609

Unheil beklagen, das nicht mehr zu bessern ist, heißt das Unheil nur umso mehr vergrößern.

William Shakespeare, engl. Dramatiker, 1564-1616

Die Qual von gestern muss die Tat von heute werden.

Gerhart Hauptmann, dt. Schriftsteller, 1862-1946

Wo aber Gefahr ist, wächst
Das Rettende auch.

Friedrich Hölderlin, dt. Dichter, 1770-1843

Irrtümer muss man teuer bezahlen, wenn man sie loswerden will.

Johann Wolfgang von Goethe, dt. Dichter, 1749-1832

Man muss das Unglück mit Händen und Füßen und nicht mit dem Maul angreifen.

Johann Heinrich Pestalozzi, schweizer. Pädagoge, 1746-1827

Es ist keine Wiedergutmachung vergangener Fehler, neue Fehler in umgekehrter Richtung zu begehen.

Raymond Aron, frz. Journalist und Soziologe, 1905-1983

Alles zu retten, muss alles gewagt werden. Ein verzweifeltes Übel will eine verzweifelte Arznei.

Friedrich Schiller, dt. Dichter, 1759–1805

Anderen an seinem Unglück die Schuld geben ist ein Zeichen von Dummheit, sich selbst die Schuld geben ist der erste Schritt zur Einsicht; weder anderen noch sich selbst die Schuld geben ist ein Zeichen von Weisheit!

Epiktet, griech. Philosoph, ca. 50–138

Harre aus im Unglück; denn oft hat schon, was im Augenblick als Unglück erschien, zuletzt großes Glück gebracht.

Euripides, griech. Dichter, 485 oder 484–406 v. Chr.

Glücklich das Volk, dessen Geschichte sich langweilig liest.

Montesquieu, frz. Schriftsteller, 1689–1755

So manche Wahrheit ging von einem Irrtum aus.

Marie von Ebner-Eschenbach, österr. Erzählerin, 1830–1916

Die stillstehende Uhr, die täglich zweimal die richtige Zeit angezeigt hat, blickt nach Jahren auf eine lange Reihe von Erfolgen zurück.

Marie von Ebner-Eschenbach, österr. Erzählerin, 1830–1916

Napoleon wusste nach seiner Flucht aus Russland um die Bitterkeit eines Misserfolgs und darum, wie rasch das Blatt sich wenden kann:

> Vom Erhabenen zum Lächerlichen ist nur ein Schritt. – Du sublime au ridicule il n'y a qu'un pas.
> *Napoleon I., frz. Kaiser, 1769–1821*

> Optimisten haben gar keine Ahnung von den freudigen Überraschungen, die Pessimisten erleben.
> *Peter Bamm, dt. Schriftsteller, 1897–1975*

> Jeder will lieber fremde Fehler verbessert haben als eigene.
> *Marcus Fabius Quintilian, röm. Redner, 30–96 n. Chr.*

> Noch keinen sah ich fröhlich enden,
> Auf den mit immer vollen Händen
> Die Götter ihre Gaben streun.
> *Friedrich Schiller, dt. Dichter, 1759–1805*

> Verstehen kann man das Leben rückwärts; leben muss man es vorwärts.
> *Søren Kierkegaard, dän. Philosoph, 1813–1855*

> Die besten Diagnosen stellt immer der Pathologe.
> *Lothar de Maizière, dt. Politiker (CDU), geb. 1940*

Misserfolg ist ein wesentlicher Teil des Neuerungsprozesses. Man muss bereit sein, über seine Misserfolge zu sprechen, oder man wird nie einen großen Erfolg haben.

Frederick W. Smith, amerik. Unternehmer, Gründer von Federal Express, geb. 1944

Wenn ein Mann etwas ganz Blödsinniges tut, so tut er es immer aus den edelsten Motiven.

Oscar Wilde, engl. Schriftsteller, 1856-1900

Kleine Fehler geben wir gern zu, um den Eindruck zu erwecken, wir hätten keine großen.

François de La Rochefoucauld, frz. Schriftsteller, 1613-1680

„Das habe ich getan", sagt mein Gedächtnis. „Das kann ich nicht getan haben", sagt mein Stolz und bleibt unerbittlich. Endlich – gibt das Gedächtnis nach.

Friedrich Nietzsche, dt. Philosoph, 1844-1900

Entschlossenheit im Unglück ist immer der halbe Weg zur Rettung.

Johann Heinrich Pestalozzi, schweizer. Pädagoge, 1746-1827

Nichts Abgeschmackters find ich auf der Welt, als einen Teufel, der verzweifelt.

Johann Wolfgang von Goethe, dt. Dichter, 1749-1832

Die Freude flieht auf allen Wegen;
Der Ärger kommt uns gern entgegen.

Wilhelm Busch, dt. Dichter und Maler, 1832-1908

Ich will keinem Verein angehören, der mich als Mitglied aufnehmen würde. – I don't want to belong to any club that will accept me as a member.

Groucho Marx, Filmkomiker, 1890-1977

Reich ist man nicht durch das, was man besitzt, sondern mehr noch durch das, was man mit Würde zu entbehren weiß.

Epikur, griech. Philosoph, 341-270

Niemand würde viel in Gesellschaften sprechen, wenn er sich bewusst wäre, wie oft er die anderen missversteht.

Johann Wolfgang von Goethe, dt. Dichter, 1749-1832

Es gibt kein Glück von Dauer und kein Unglück, das nicht schließlich zum Ende kommt.

Span. Sprichwort

Wenn er seinen Verstand gebrauchen sollte, so war es ihm, als wenn jemand, der beständig seine rechte Hand gebraucht hat, etwas mit der linken tun soll.

Georg Christoph Lichtenberg, dt. Schriftsteller, 1742-1799

Wir werden vom Schicksal hart oder weich gekocht; es kommt auf das Material an.

Marie von Ebner-Eschenbach, österr. Erzählerin, 1830-1916

Unglücksfälle sind wie Messer, entweder sie arbeiten für uns oder schneiden uns, je nachdem, ob wir sie am Griff oder an der Schneide anfassen.

James Russell Lowell, amerik. Schriftsteller, 1819-1891

Kann ich Armeen aus der Erde stampfen? Wächst mir ein Kornfeld in der flachen Hand?

Friedrich Schiller, dt. Dichter, 1759-1805

Hoffnung ist ein gutes Frühstück, aber ein schlechtes Abendbrot.

Francis Bacon, engl. Philosoph und Politiker, 1561-1626

Erfahrung ist das, was man kriegt, wenn man nicht bekommt, was man will.

Spruch

Wenn du geschwiegen hättest, wärst du ein Philosoph geblieben. – Si tacuisses philosophus mansisses.

Boethius, röm. Philosoph und Staatsmann, ca. 480-524

Kein Geld ist vorteilhafter angewandt als das, um welches wir uns haben prellen lassen; denn wir haben dafür unmittelbar Klugheit eingehandelt.

Arthur Schopenhauer, dt. Philosoph, 1788-1860

Beim Schiffbruch hilft der Einzelne sich leichter.

Friedrich Schiller, dt. Dichter, 1759-1805

> Wer über gewisse Dinge den Verstand nicht verliert, der hat keinen zu verlieren.
>
> *Gotthold Ephraim Lessing, dt. Schriftsteller, 1729-1781*

> Hier sieht man ihre Trümmer rauchen
> Der Rest ist nicht mehr zu gebrauchen.
>
> *Wilhelm Busch, dt. Dichter und Maler, 1832-1908*

> Es gibt Menschen, die sich über den Weltuntergang trösten würden, wenn sie ihn nur vorhergesagt hätten.
>
> *Christian Friedrich Hebbel, dt. Dichter, 1813-1863*

> Statt zu klagen, dass wir nicht alles haben, was wir wollen, sollten wir lieber dankbar sein, dass wir nicht alles bekommen, was wir verdienen.
>
> *Dieter Hildebrandt, dt. Kabarettist, geb. 1927*

Misserfolge beruhen nicht immer auf Unvermögen oder Fehlern, manchmal sind sie schlicht Ergebnis zu hoch geschraubter Erwartungen. Wenn die Situation noch so viel Humor erlaubt – Lachen ist noch immer die beste Hilfe.

> Ich sprach nachts: Es werde Licht!
> Aber heller wurd' es nicht.
> Ich sprach: Wasser werde Wein!
> Doch das Wasser ließ dies sein.
> Ich sprach: Lahmer, du kannst geh'n!
> Doch er blieb auf Krücken stehn.
> Da ward auch dem Dümmsten klar,
> dass ich nicht der Heiland war.
>
> *Robert Gernhardt, dt. Schriftsteller, 1937-2006*

> Glücklicherweise kann der Mensch nur einen gewissen Grad des Unglücks fassen; was darüber hinausgeht, vernichtet ihn oder lässt ihn kalt.
>
> *Johann Wolfgang von Goethe, dt. Dichter, 1749–1832*

> Es gibt auch Spiegel, in denen man sehen kann, was einem fehlt.
>
> *Christian Friedrich Hebbel, dt. Dichter, 1813–1863*

> Klage nicht zu sehr über einen kleinen Schmerz; das Schicksal könnte ihn durch einen größeren heilen!
>
> *Christian Friedrich Hebbel, dt. Dichter, 1813–1863*

Diskussionen drehen sich im Kreis

Was tun in einer Situation, da eine Diskussion völlig aus dem Ruder läuft? Stundenlange Besprechungen ohne Ergebnis, Streit um Sachverhalte, die mit dem eigentlichen Thema gar nichts mehr zu tun haben. Zitate können gute Dienste leisten. Verblüffen Sie die Sitzungsteilnehmer mit einem absurden Ausspruch. So entsteht eine Situation, in der Sie gute Chancen haben einzuhaken und das Gespräch wieder auf sein Thema zurückzulenken oder endlich eine Entscheidung herbeizuführen.

> Wenn du entdeckt hast, dass du ein totes Pferd reitest, steig ab.
>
> *Weisheit der Dakota-Indianer*

Um klar zu sehen, genügt oft ein Wechsel der Blickrichtung.

Antoine de Saint-Exupéry, frz. Schriftsteller, 1900–1944

Wer absolute Klarheit will, bevor er einen Entschluss fasst, wird sich nie entscheiden.

Henri Frédéric Amiel, schweizer. Schriftsteller, 1821–1881

Nichtstun ist besser als mit viel Mühe nichts schaffen.

Lao Tse, chin. Philosoph, 6. Jh. v. Chr.

Der oft unüberlegten Hochachtung gegen alte Gesetze, alte Gebräuche und alte Religion hat man alles Übel in der Welt zu verdanken.

Georg Christoph Lichtenberg, dt. Schriftsteller, 1742–1799

Um zur Wahrheit zu gelangen, sollte jeder die Meinung seines Gegners zu verteidigen versuchen.

Jean Paul, dt. Schriftsteller, 1763–1825

Wir suchen die Wahrheit, finden wollen wir sie aber nur dort, wo es uns beliebt.

Marie von Ebner-Eschenbach, österr. Erzählerin, 1830–1916

Still mit dem Aber! Die Aber kosten Überlegung.

Gotthold Ephraim Lessing, dt. Schriftsteller, 1729–1781

Du solltest nicht vor einem Argument in die Knie brechen. Vielleicht überzeugt es nur, beweist aber nichts.

Ludwig Marcuse, dt. Philosoph und Literaturkritiker, 1894-1971

Es hört doch jeder nur, was er versteht.

Johann Wolfgang von Goethe, dt. Dichter, 1749-1832

Leben heißt parteiisch sein.

Christian Friedrich Hebbel, dt. Dichter, 1813-1863

Manchmal muss eine Blockadehaltung auch direkt als solche angesprochen werden, um sie zu brechen – wenn der Versuch auflockernd mit einem Schiller-Zitat daherkommt, mag es vielleicht gelingen:

Ich hab hier bloß ein Amt und keine Meinung.

Friedrich Schiller, dt. Dichter, 1759-1805

Nachdenken enthält eine unerschöpfliche Quelle von Trost und Beruhigung.

Novalis, dt. Dichter der Romantik, 1772-1801

Es hat alles zwei Seiten. Aber erst wenn man erkennt, dass es drei sind, erfasst man die Sache.

Heimito von Doderer, österr. Schriftsteller, 1896-1966

Es gilt, auf der Spitze streitiger Fragen zu balancieren.

Rüdiger Safranski, dt. Schriftsteller, geb. 1945

Wäre es da
Nicht doch einfacher, die Regierung
Löste das Volk auf und
Wählte ein anderes?

Bertolt Brecht, dt. Schriftsteller, 1898-1956

Warum sind die zehn Gebote so einfach, kurz und klar und für jedermann verständlich abgefasst? Weil sie ohne eine Kommission aufgestellt wurden.

Charles de Gaulle, frz. General und Politiker, 1890-1970

Bei der Eroberung des Weltraums sind zwei Probleme zu lösen: die Schwerkraft und der Papierkrieg. Mit der Schwerkraft wären wir fertig geworden.

Wernher von Braun, dt.-amerik. Physiker, 1912-1977

Diskussionen haben lediglich diesen Wert: dass einem gute Gedanken hinterher einfallen.

Arno Schmidt, dt. Schriftsteller, 1914-1979

Der eine hält eine Meinung fest, weil er sich etwas darauf einbildet, von selbst auf sie gekommen zu sein, der andere, weil er sie mit Mühe gelernt hat und stolz darauf ist, sie begriffen zu haben: beide also aus Eitelkeit.

Friedrich Nietzsche, dt. Philosoph, 1844-1900

Falls Ihnen die Diskussion allzu hypothetisch wird, können Sie mit diesem Zitat Heiner Geißlers wieder etwas mehr Bodenhaftung erzeugen:

> Wenn die Katze ein Pferd wäre, könnte man mit ihr auf Bäume reiten.
>
> *Heiner Geissler, dt. Politiker (CDU), geb. 1930*

> Der schlimmste Weg, den man wählen kann, ist der, keinen zu wählen.
>
> *Friedrich II., König von Preußen, 1712–1786*

> Viele verlieren den Verstand deshalb nicht, weil sie keinen haben.
>
> *Baltasar Gracián y Morales, span. Schriftsteller, 1602–1658*

> Es ist nur eine (wahre) Religion; aber es kann vielerlei Arten des Glaubens geben.
>
> *Immanuel Kant, dt. Philosoph, 1724–1804*

> Was ist der langen Rede kurzer Sinn?
>
> *Friedrich Schiller, dt. Dichter, 1759–1805*

> Ungehorsam ist für jeden, der die Geschichte kennt, die recht eigentliche Tugend des Menschen.
>
> *Oscar Wilde, engl. Schriftsteller, 1856–1900*

Es gibt Situationen, in denen immer absurdere Argumente ausgetauscht werden und das eigentliche Thema der Diskussion nicht einmal mehr von Ferne gestreift wird –

die Flucht nach vorne ist da ein ungewöhnliches Mittel, das einigen Mut erfordert. Wenn es damit aber gelingt, dass die Diskussionspartner einen Moment innehalten, findet man den roten Faden meist schneller wieder als mit langatmigen Ermahnungen.

> Wär dieser nicht dem Elch vergleichbar,
> der tief im Sumpf und unerreichbar
> nach Wurzeln, Halmen, Stauden sucht
> und dabei stumm den Tag verflucht,
> an dem er dieser Erde Licht ...
> Nein? Nicht vergleichbar? Na, dann nicht!
>
> *Robert Gernhardt, dt. Schriftsteller, 1937–2006*

> Bornierte Menschen soll man nicht widerlegen wollen. Widerspruch ist immerhin ein Zeichen von Anerkennung.
>
> *Richard Schaukal, österr. Schriftsteller, 1874–1942*

Betriebsblindheit

Diesem Thema ist ein eigenes Kapitel gewidmet, denn Betriebsblindheit ist ein weit verbreitetes Phänomen, das von Borniertheit bis zur Bequemlichkeit reicht. Dabei ist niemand dagegen gefeit, und langjährige Erfahrung kann den Blick manches Mal auch verengen. Jeder von uns reitet letztlich mehr oder weniger festgefahrene Prinzipien. Der erste Schritt zur Besserung aber ist die Selbsterkenntnis. Vielleicht können diese Zitate Ihnen oder Ihren

Partnern im einen oder anderen Falle dazu verhelfen. Ein witzig angebrachtes Zitat öffnet die Augen oft leichter als eine problemschwere Kritik.

> Die Herren dieser Art blendt oft zu vieles Licht,
> sie sehn den Wald vor lauter Bäumen nicht.
> *Christoph Martin Wieland, dt. Dichter, 1733–1813*

> Wenn jemand meinte, die Bäume seien dazu da, um den Himmel zu stützen, so müssten sie ihm alle zu kurz vorkommen.
> *Franz Grillparzer, österr. Schriftsteller, 1791–1872*

> Es gibt Leute, welche den Vogel ganz genau zu kennen glauben, weil sie das Ei gesehen, woraus er hervorgekrochen ist.
> *Heinrich Heine, dt. Dichter und Publizist, 1797–1856*

> Kein Klang der aufgeregten Zeit
> Drang noch in diese Einsamkeit.
> *Theodor Storm, dt. Schriftsteller, 1817–1888*

> Wenn du einen viel betretenen Weg lange gehst, so gehst du ihn endlich allein.
> *Marie von Ebner-Eschenbach, österr. Erzählerin, 1830–1916*

> Jeder Mensch hat ein Brett vor dem Kopf – es kommt nur auf die Entfernung an.
> *Marie von Ebner-Eschenbach, österr. Erzählerin, 1830–1916*

Sehr viele Leute denken, dass sie denken, wenn sie lediglich ihre Vorurteile neu sortieren. – A great many people think they are thinking when they are merely rearranging their prejudices.

William James, amerik. Philosoph und Psychologe, 1842–1910

Unsere Köchin, als sie Krebse in allmählich siedendem Wasser lebendig kochte, wunderte sich, dass wir dieses Verfahren eine unmenschliche Grausamkeit nannten, und versicherte uns, die armen Tiere seien von jeher daran gewöhnt.

Heinrich Heine, dt. Dichter und Publizist, 1797–1856

Ausdauer ist eine Tochter der Kraft, Hartnäckigkeit eine Tochter der Schwäche, nämlich – der Verstandesschwäche.

Marie von Ebner-Eschenbach, österr. Erzählerin, 1830–1916

Einen Wahn verlieren macht weiser als eine Wahrheit finden.

Ludwig Börne, dt. Schriftsteller, 1786–1837

Verfallen wir nicht in den Fehler, bei jedem Andersmeinenden entweder an seinem Verstand oder an seinem guten Willen zu zweifeln.

Otto von Bismarck, dt. Politiker, 1815–1898

Am feinsten lügt das Plausible.

Emil Gött, dt. Schriftsteller, 1864–1908

Fremde Fehler sehen wir, nicht aber die unsrigen.

Lucius Annaeus Seneca, röm. Politiker und Dichter, ca. 4 v. Chr. – 65 n. Chr.

Das Fremde zu schauen hindert die Fremdheit, das Vertraute zu erkennen verwehrt die Vertrautheit.

Hugo von Hofmannsthal, österr. Dichter, 1874–1929

Der Aberglauben schlimmster ist, den seinen für den erträglichern zu halten.

Gotthold Ephraim Lessing, dt. Schriftsteller, 1729–1781

Anders, begreif ich wohl, als sonst in Menschenköpfen malt sich in diesem Kopf die Welt.

Friedrich Schiller, dt. Dichter, 1759–1805

Mit der Dummheit kämpfen Götter selbst vergebens.

Friedrich Schiller, dt. Dichter, 1759–1805

Literatur

Wir danken den Verlagen, die uns freundlicherweise gestattet haben, ihre Autoren zu zitieren. Natürlich kann ein einzelnes Zitat niemals die Lektüre eines ganzen Buches ersetzen. Wir empfehlen unseren Lesern, sich doch das eine oder andere Buch der hier zitierten Autoren zu kaufen und darin zu stöbern. Sicher finden Sie weitere interessante Passagen, die Sie in Ihrer nächsten Rede zitieren können.

Brecht, Bertolt: Werke. Aufbau und Suhrkamp, Berlin, Weimar und Frankfurt am Main 2005

Duden. Zitate und Aussprüche. Dudenverlag, Mannheim 2008

Ebner-Eschenbach, Marie von: Aphorismen. Insel-Bücher, Stuttgart 2008

Fieguth, Gerhard (Hrsg.): Deutsche Aphorismen. Reclam, Stuttgart 1994

Frisch, Max: Gesammelte Werke in zeitlicher Folge. Suhrkamp, Frankfurt am Main 1998

Gernhardt, Robert: Besternte Ernte. Gedichte aus fünfzehn Jahren. Fischer, Frankfurt am Main 2000

Gernhardt, Robert: Wörtersee. Gedichte und Bildgedich-Fischer, Frankfurt am Main 1996

Jenewein, Wolfgang P.; Dinger, Helmut: Erfolgsgeschichten selber schreiben. Carl Hanser Verlag, München 1998

John, Johannes: Reclams Zitaten-Lexikon. Reclam, Stuttgart 2004

Knischek, Stefan (Hrsg.): Lebensweisheiten berühmter Philosophen. Humboldt, München 2008

Kostolany, André: Die Kunst über Geld nachzudenken. Econ, München 2007

Kraus, Karl: Aphorismen (Schriften, Bd. 8). Suhrkamp, Frankfurt am Main 2006

Laub, Gabriel: Denken verdirbt den Charakter. Alle Aphorismen. Sanssouci, München 1996

Lec, Stanislaw Jerzy: Sämtliche unfrisierte Gedanken. Sanssouci, München 2007

Tucholsky, Kurt: Schnipsel. Rowohlt, Reinbek bei Hamburg 1995

v. Pierer, Heinrich; v. Oetinger, Bolko: Wie kommt das Neue in die Welt? Carl Hanser Verlag, München 2002

Stichwort- und Autorenverzeichnis

Abendrot 145
Aber 209
Aberglaube 69, 216
Abmagerungskur 174
Abonnement 78
Absatz 61
Abstammung 186
Acker 166
Adams, Douglas 54f.
Adenauer, Konrad 25, 53, 83, 139, 149, 188, 191, 196
Adorno, Theodor W. 119
Advokaten 155
Affe 129
Agitator 68
Ägypten 122
Aktie 166ff.
Aktiengesellschaft 168f.
Aktionäre 169
Allen, Woody 60f., 99, 137
Alltäglichkeit 50
Alltagsärgernis 141
Altauto 84
Altenberg, Peter 41f., 105, 148
Ameisen 67
Amiel, Henri Frédéric 209
Amt 210
Analogie 56
Anders, Ole 141
Andersmeinender 215
Anekdote 13
Anerkennung 38
Anfang 45
Angebot 71
Angel 48, 74
Angst 35, 46f., 88, 98
Anker 103
Anleihen 167
Anouilh, Jean 30
Anpassung 106
Anschauung 104
Ansehen 187
Ansichten 41, 88, 192
Anthropozentrismus 88
Antwort 154, 187
Aphorismus 14f.
Apostel 129
Arbeit 27, 33, 49, 108
Arbeitsplätze 174
Archimedes 118
Arendt, Hannah 102
Ärger 28, 34, 164, 188, 204
Argument 56, 73, 138f., 141, 210
Argument, schlechtes 136
Argwohn 47, 156
Aristophanes 123
Aristoteles 29, 45, 56, 82, 159
Armee 206
Armut 123
Arntzen, Helmut 64

Aron, Raymond 201
Arsch 195
Arznei 202
Asimov, Isaac 162
Äsop 48, 152
Atomenergie 89
Aufgang 102
Aufmerksamkeit 75, 78
Aufschub 34, 157, 189
Aufschwung 151
Aufstieg 24f.
Augenblick 43, 178
Ausdauer 30, 215
Ausnahme 42
Austausch 120
Australien 67
Auto 162
Autorität 34

Bacon, Francis 24, 44, 178, 206
Bahnhofshalle 122
Bamm, Peter 96, 163, 175, 203
Bank 170, 173
Bankier 170
Bankraub 173
Bardot, Brigitte 161
Barmherzigkeit 70
Bauleute 134
Bäume 214
Beckenbauer, Franz 52
Begeisterung 51, 113
Beharrlichkeit 72, 112

Beispiel 29, 126
Beleidigung 141
Benchmarking 106, 158ff.
Benn, Gottfried 89, 103
Benz, Richard 130
Beobachter 60
Berg 82f., 165
Beruf 129
Beruhigung 210
Berühmtheit 186
Beschränkung 34, 175
Beschwerdemanagement 73ff.
Besprechungen 135
Bethune, Maximilien de 176
Betragen 79
Betriebsblindheit 213
Betrug 157, 190
Beutelrock, Friedl 145, 155, 189
Beweis 94, 184
Biermann, Wolf 65, 100
Bikini 182
Bilanzen 180ff.
Bild 58, 184
Bildung 124, 126, 130
Bismarck, Otto von 38, 49, 184, 215
Blickrichtung 209
Blitz 95
Blödsinn 144
Blumenthal, Oskar 71
Blütezeit 26
Bodenstedt, Friedrich M. v. 70

Boethius 206
Bombe 87
Börne, Ludwig 65, 76, 93, 110, 170, 215
Börse 166ff.
Börsianer 167
Braun, Wernher von 211
Brecht, Bertolt 80, 111, 136, 143, 173, 175, 180, 199, 211
Brentano, Clemens 50
Brett vor dem Kopf 214
Britten, Benjamin 125
Buch 73, 129
Buchholz, Martin 151
Buchstabe 70
Buck, Pearl S. 140, 178, 192
Buckle, Henry Thomas 96
Burda, Hubert 53
Burmann, Gottlob Wilhelm 27
Bürokratie 141
Busch, Wilhelm 28, 31, 47, 49, 75, 138, 140, 178f., 192, 204, 207
Business 41
Butler, Samuel 103

Camus, Albert 171
Canetti, Elias 97, 101
Canning, George 184
Capote, Truman 55, 93
Carnegie, Dale 51, 56

Cäsar, Gajus Julius 96
Chamfort 31, 85, 186f., 195
Chanel, Coco 49
Chaos 30
Charakter 31, 36
Chesterfield, Lord Philip Dormer Stanhope 70, 82
Chesterton, Gilbert Keith 133
Churchill, Winston 45, 130, 181, 196
Cicero, Marcus Tullius 72, 89, 177
Claudel, Paul 86
Claudius, Matthias 35f., 88, 150
Cocteau, Jean 62
Colette, Sidonie Gabrielle 114
Computer 160ff.
Courage 30
Crosby, Philip B. 81

Dalí, Salvador 49
Daumenschraube 87
Davidoff, Zino 60
Demokraten 133
Demokratie 160
Demokrit 54
Denken 35, 54, 63, 95, 138
Deutsch, Ernst 108
Diagnose 203
Dichter 151
Dienstleistung 77

Dienstleistungsunternehmen 169
Diplomatie 156
Diskussionen 208ff.
Disraeli, Benjamin 181
Disziplin 52
Doctor, junger 201
Doderer, Heimito von 210
Dollar 168
Douglas, Norman 62
Dreck 186
Druckenlassen 94
Dukaten 176
Dummheit 61, 76, 103, 140f., 145f., 148, 157, 198, 200, 216
Durchhalten 50
Dürrenmatt, Friedrich 199
Dussmann, Peter 74, 169
Dylan, Bob 30

Ebner-Eschenbach, Marie von 27, 32, 40, 51, 60, 66, 76, 80, 83, 100, 109f., 112, 122, 129, 133, 141, 146, 156, 157, 160, 184, 199, 202, 205, 209, 214f.
Eco, Umberto 107
Edison, Thomas Alva 42, 94, 108
Ehe 134
Ehestand 134
Ehre 63
Ehrgeiz 151

Ehrlichkeit 65, 77
Ehrlichkeit, sachzwangreduzierte 136
Ehrungen 35
Ei 214
Eigenheiten 63
Eigenliebe 32
Eigenschaften 63
Einfall 59, 108
Einfalt 200
Einfluss 35
Einflussvermögen 51
Einigkeit 132
Einsamkeit 134, 214
Einsicht 36
Einstein, Albert 45, 59, 89, 105, 148, 160f., 165, 177, 200
Einstein, Carl 144
Eisen, heißes 154
Eitelkeit 32, 176, 211
Elch 193, 213
Eliot, George 136
Emerson, Ralph Waldo 40, 66, 113, 172
Emge, Carl August 14
Energiequellen 90
Engagement 92
Engel 133
Enten 58
Enthaltsamkeit 31
Entscheiden 111
Entscheidung 156
Entschlossenheit 204

Entschluss 44
Entweder-Oder 137
Entwicklung 104ff., 165
Epiktet 23, 51, 70, 102f., 202
Epikur 140, 198, 205
Erasmus von Rotterdam 33
Erdkugel 150
Erfahrung 52, 54, 83, 128, 159f., 199, 206
Erfindung 80, 94, 112, 117, 144
Erfolg 54, 60f., 85, 94, 99, 153, 159, 164, 198, 200
Erfolgserlebnis 148
Erhabenheit 203
Erhard, Ludwig 69
Erinnerung 129
Erkenntnis 95, 111, 124, 199
Ernte 119
Esel 145
Eskimo 172
Esser, Otto 39
Ethik 89, 174
Etikett 59
Euripides 30, 71, 164, 202
Euro-Manager 121
Experte 130

Fähigkeit 196
Fakten 126
Fallada, Hans 141
Fanatismus 194
Fantasie 45, 117, 167, 179

Faulheit 113
Fehler 34, 45, 76, 84, 127, 190, 194, 200f., 203, 216
Fehler, kleine 204
Feind 159
Fichte, Johann Gottlieb 42
Film 181
Finanzen 166ff.
Finanzpolitik 180
Fischen 44
Foldes, Andor 37
Fontane, Theodor 8, 30, 33, 61, 84
Forbes, Malcolm Stevenson 182
Ford, Henry 41, 54, 58, 60, 75, 129, 131, 159, 174, 197
Form 118
Forschung 104ff.
Fortbildung 124
Fortschritt 42, 86, 89, 97, 100, 104ff., 107, 110, 112, 117f.
Fortschritt, sozialer 173
Fortuna 178
Frage 154, 187
France, Anatole 103
Franklin, Benjamin 31, 124, 172, 176
Freiheit 78, 88, 150, 156
Freizeit 28
Fremdheit 216
Freunde 133, 190

Fried, Erich 78
Friedell, Egon 102, 116
Friedhofsmauer 173
Friedrich II. 212
Frisch, Max 108, 119
Frisörgespräche 145
Fröbe, Gert 174
Fromm, Erich 61
Frösche 48
Frühling 47, 163
Fuchs, Michael 24
Führungsziele 39
Fuller, Thomas 75
Furcht 38, 53
Furchtsamkeit 151
Fußtritt 196

Gaarder, Jostein 46
Gábor, Dennis 87
Gandhi, Mahatma 104, 151
Gans 176
Gates, Bill 55
Gaulle, Charles de 211
Gedächtnis 204
Gedächtnis, schlechtes 142
Gedanke 33, 93, 103, 110, 117f., 160, 187
Gedankenkette 14
Geduld 116
Gefahr 47, 150, 159, 201
Gefäß, hohles 147
Gegenwart 49
Gegner 209
Geheimnis 59, 158

Gehirn 46, 95, 142
Geißler, Heiner 212
Geist 31, 70, 76, 105
Geld 24, 41, 85, 124, 152, 166ff., 171, 173, 206
Gelegenheiten 44
Gellert, Christian Fürchtegott 33
Gemeinplatz 66
Genauigkeit 56
Genet, Jean 144, 154
Genie 42
Genius 160
Gerechtigkeit 189
Gernhardt, Robert 140, 193, 195, 207, 213
Gerücht 184
Geschäft 71, 78, 174
Geschäftsbericht 169
Geschäftsleben 70
Geschichte 107, 202, 212
Geschick 100
Geschwindigkeit 104
Gesellschaften 205
Gesetze 101, 154, 184, 209
Gesundheit 179
Getty, John Paul 149
Gewalt 151
Gewinn 50, 174, 192, 200
Gewissen 140
Gewissheit 151
Gewitter 45
Gewohnheit 97
Gide, André 56, 100

Glanz 58
Glaube 109, 124, 150
Glaubwürdigkeit 184
Gleichgültigkeit 191
Globalisierung 120ff.
Glück 33, 36, 43, 49ff., 58, 108, 114, 167, 198, 205
Gmeiner, Hermann 53
Goethe, Johann Wolfgang von 13, 29ff., 33, 35, 39f., 43, 45, 47f., 52f., 58ff., 63, 73, 75, 77, 79, 89, 101f., 104f., 108, 116, 119, 125, 127f., 132, 134ff., 137ff., 142, 149f., 154f., 158f., 163, , 175f., 185, 189, 193, 195f., 201, 204f., 208, 210
Goetz, Curt 57
Goeudevert, Daniel 75, 174
Goldmann, Heinz M. 72, 184
Gorki, Maxim 46
Gott 80
Gött, Emil 95, 101f., 215
Gotthelf, Jeremias 36, 39
Grab 104
Gracián y Morales, Baltasar 76, 158, 187, 212
Gras 62
Greenaway, Peter 99, 115
Grillparzer, Franz 93f., 113, 117ff., 145, 214
Grimm, Jacob 200

Gründe 139
Guinness, Alec 57
Günther, Joachim 15
Gutes 38
Gutzkow, Karl 76, 100, 160

Habichtsnase 137
Halt 133
Haltung, kritische 44
Handeln 45
Handwerker 177
Hartnäckigkeit 64, 215
Hasen 49
Hassencamp, Oliver 70
Hauptmann, Gerhart 25, 39f., 83, 122, 201
Hebbel, Christian Friedrich 24, 61, 77, 83, 95, 99, 104, 107, 117, 119f., 130, 133, 146f., 154, 186, 196, 207f., 210
Hebel, Johann Peter 82, 89, 133
Heidegger, Martin 112
Heiland 207
Heimann, Moritz 145, 155, 180, 182, 187
Heine, Heinrich 10, 54, 122, 124, 128, 155, 168, 171, 176, 214f.
Helfen 132
Hemingway, Ernest 137
Heraklit 86
Herder, Johann Gottfried 44

Herodot 99, 157
Herrhausen, Alfred 177
Herwegh, Georg 114, 145
Herz 62
Hesse, Hermann 102
Heu 62
Hildebrandt, Dieter 49, 136, 207
Hitchcock, Alfred 181
Ho Chi Minh 47
Høeg, Peter 110
Hoffnung 53, 64, 70, 103, 206
Höflichkeit 74, 84
Hofmannsthal, Hugo von 68, 78, 88, 93, 115f., 122, 148, 186, 216
Höhler, Gertrud 71
Hölderlin, Friedrich 201
Homer 138
Hope, Bob 170
Horaz 64, 138, 150, 194, 198
Hörbiger, Paul 129
Hornvieh 193
Hose 73
Hubbard, Elbert 161
Huch, Ricarda 35
Hughes, Howard R. 178
Hugo, Victor 26, 94
Huhn 122
Hühner 58
Hühnerauge 78
Humanität 147

Humboldt, Wilhelm von 40, 124
Humor 189
Hundertwasser, Friedensreich 41
Hut 51

Iacocca, Lee 28, 135, 81
Ich 125
Ideale 41, 105
Idealist 200
Idee 44, 52, 65, 94f., 108, 144
Idee, neue 96ff., 147
Ideen, globale 121
Idiot 136
Illusionen 31
Immermann, Karl Leberecht 38, 46, 128
Inge, William Ralph 126
Innovation 104ff., 113f.
Innovationsakzeleration 137
Innovationsschub 106
Inspiration 31, 42, 74, 95, 151, 162
Internet 123
Intuition 110, 199
Irrtum 43, 82, 101, 107f., 197, 199, 201f.

Ja 137
James, William 215
Jaspers, Karl 149, 191

Jean Paul 25, 77, 131, 190, 209
Jefferson, Thomas 79
Jochmann, Carl Gustav 186
Journalismus 185
Jouvenel, Bertrand de 34
Jung, Carl Gustav 138

Kant, Immanuel 49, 82, 86, 128, 212
Kapital 41
Karajan, Herbert von 194
Karriere 24ff.
Kartenhäuser 44
Kasparow, Garry 95
Kasper, Hans 150
Katharina von Siena 50
Katze 212
Katzen 80
Kaufmann 72
Kaye, Danny 25, 54, 154
Kekkonnen, Urho Kaleva 46
Keller, Gottfried 148, 157
Keller, Helen 130
Kennedy, John Fitzgerald 106
Kennzahlen 180ff.
Kern, Otto 185
Kernkompetenz 66
Kierkegaard, Søren 33, 203
King, Martin Luther 87
Kinkel, Gottfried 132
Kipling, Rudyard 35
Kirchhoff 201

Klage 201, 208
Klarheit 209
Klatsch 195
Kleinaktionär 168
Kleist, Heinrich von 151, 193
Klugheit 83, 153, 206
Knight, Phil 46
Knopfloch 149
Kobjoll, Klaus 77, 106
Koch 74
Köchin 215
Kommission 142
Kommunikation 131
Kompromiss 150, 153
Konflikte meistern 187ff.
Konfuzius 34, 71, 112, 132, 159
Konsument 61, 72
Konsumentenberatung 80
Kontakte 126
Kooperation 131ff.
Kopf 51
Kornfeld 206
Kosmetika 64
Kosten 149
Kostolany, André 44, 167f.
Kraft 43
Kränkung 193
Kraus, Karl 16, 25, 41, 61f., 68, 88, 93, 118, 122, 143, 145, 156, 179, 185
Kreativität 92, 109, 114f.
Krebse 215

Kreditsystem 179
Kreislauf 189
Kritik 95, 185
Kritzfeld, Ron 57
Kronenkranich 140
Kudszus, Hans 105
Kultur 165
Kunde 60, 72, 74f.
Kundenbindung 73ff.
Künstler 62
Künstlernatur 111
Künstlerseele 39
Kunstsinn 93
Kunsturteil 113
Kuss 77

La Bruyère, Jean de 24, 76
La Fontaine, Jean de 143
La Rochefoucauld, François de 32, 126, 132, 133, 190, 204
Lächeln 78
Lachen 32
Lächerlichkeit 203
Laie 129
Lao Tse 65, 74, 111, 156, 209
Lärm 140
Laub, Gabriel 56, 172
Lauda, Niki 78, 81
Lay, Rupert 71
Le Fort, Gertrud von 127, 165
Leben 103

Lebensbegierde 88
Lebensklugheit 28
Lebenskunst 49
Lebenskünstler 30
Lec, Stanislaw Jerzy 163
Lehren 126
Lehrgeld 200
Leixner, Otto von 191
Lejeune, Erich J. 131, 164, 168
Lembke, Robert 31, 172
Leonardo da Vinci 66, 76f., 130
Lernen im Unternehmen 124ff.
Lernen 125
Lessing, Gotthold Ephraim 64f., 69, 80, 134, 164f., 186, 200, 207, 209, 216
Licht 25, 96
Lichtenberg, Georg Christoph 32, 34, 37, 44, 50, 73, 98, 104, 126f., 129, 153, 175, 181, 192f., 199, 205, 209
Liebe 39f., 78
Lieven, Theo 173
Lincoln, Abraham 136
Lindbergh, Charles Augustus 98
Liszt, Franz von 163
Lob 37
Logik 117
Lohberger, Hans 104

Lowell, James Russell 150, 206
Ludwig XIV. 144
Luftschlösser 44
Lüge 77, 181
Lukian 59
Luther, Martin 166

Macht 188
Mailer, Norman 78, 161
Maizière, Lothar de 203
Makihara, Minoru 169
Mâle, Émile 107
Mann, Thomas 152
Mannschaft 52
Marc Aurel 70, 73, 132
Marc, Franz 99
Marcuse, Ludwig 188, 210
Marke 185
Marketing 57ff.
Markt 63f., 69ff., 92, 123
Marktfähigkeit 93
Marktforschung 109
Marmelade 163
Marquis, Donald 77
Marx, Groucho 205
Marx, Karl 100
Maschine 161, 165
Maschinenwesen 163
Maßregel 44
Maucher, Helmut 72, 121
Maugham, William Somerset 68, 164
Maxime 13

Mehrheit 117
Meinung 93, 97, 101f., 110, 156, 189, 210f.
Menander 127, 131
Menschen 135
Menschen, borniert 213
Messlatte 26
Metaphysik 120
Methode 64, 151
Meyer, Conrad Ferdinand 186
Milberg, Joachim 90
Milchtopf 48
Miller, Arthur 34
Miller, Henry 88, 200
Minderheit 117
Misserfolg 54, 148, 197f., 204
Misthaufen 65, 191
Mitläufer 62
Möglichkeit 117
Molière 148
Montaigne, Michel de 97
Montesquieu, Charles de Secondat, Baron de 153, 202
Moral 117, 162, 174
Moravia, Alberto 184
Morgenstern, Christian 95, 117, 120, 122, 134, 195, 199
Morita, Akio 63, 90, 109, 121
Motiv 66
Motivation 36ff., 39

Mühe 141
Müller, Uwe Renald 26, 39, 98
Müller-Michaelis, Wolfgang 183
Musil, Robert 198
Mut machen 42ff.

Nachahmen 159
Nachdenken 159, 210
Nachfrage 71
Nachläufer 62
Nachricht 184
Nächstenliebe 122
Nahr, Helmar 58, 64, 87, 91, 133, 139, 148, 162f., 168, 180
Napoleon I. 64, 177, 203
Narrheit 110
Nationalitäten 122
Natur der Dinge 65
Natur 86ff.
Neigungen 34
Nein 137
Nerlinger, Manfred 174
Nestroy, Johann 78
Neugier 126
Nichtstun 209
Nietzsche, Friedrich 25, 43, 64, 66, 78, 103, 134, 142, 151, 183f., 193, 204, 211
Nixdorf, Heinz 111, 174
Nixon, Richard 24

Novalis 34, 48, 68, 80, 89, 115, 125, 129, 134, 144, 152, 177, 210
Nutzen 70f.

Oberfläche 93
Oesch, Emil 75, 165
Oetinger, Bolko von 98, 120f., 123
Oetker, August 33
Öffentlichkeitsarbeit 183
Onassis, Aristoteles 178f.
Optimist 203
Ordnung 29f., 172
Organisieren 133
Ortega y Gasset, José 41, 88, 95, 106f., 118, 194
Orwell, George 135, 150
Osborne, John 162
Ovid 48, 50, 53, 87, 149

Pallenberg, Max 138
Papierkrieg 211
Parkinson, Cyril Northcote 28, 32, 69, 79, 141f., 157, 161, 182
Pascal, Blaise 62
Patentidee 144
Pathologe 203
Paton, Alan 193
Pavese, Cesare 27
Penzias, Arnold 108
Persönlichkeit 198
Persönlichkeitsbildung 71

Pessimist 203
Pestalozzi, Johann Heinrich 27, 128, 201, 204
Pferd 120, 212
Pferd, totes 208
Pflicht 30, 193
Phaedrus 159
Philosoph 100, 206
Phrasen-Dreschmaschine 137
Pierer, Heinrich von 92, 97, 116, 161
Piscator, Erwin 98
Planeten 91
Platen, August von 101, 147
Platon 140, 191
Plattner, Hasso 152
Plausibilität 215
Plautus 133
Poe, Edgar Allan 125
Politik, nationale 122
Polizist 195
Pompadour, Marquise de 91
Pope, Alexander 127
Popper, Karl 198
Pragmatiker 57
Präsentation 91ff.
Präzision 81
Preis 72, 175
Pressearbeit 183ff.
Privileg 161
Produkt 63, 92, 109, 135
Produktion 160ff.
Profit 135, 173f.

Prognose 130
Prosa 144
Public Relations 183ff.
Publikum 61f., 77
Punkt 118
Pünktlichkeit 144, 172
Pygmäen 48
Pythagoras 137

Qual 201
Qualität 81
Qualitätsmanagement 81ff.
Quark 138
Quelle 76
Quintilian, Marcus Fabius 203
Quintus Ennius 194

Raabe, Wilhelm 166, 186
Radbruch, Gustav 38, 189
Rathenau, Walther 68, 72
Rationalisierung 113
Ratlosigkeit 42
Rätsel 107, 139
Raub 176
Rede 212
Reden 70, 136, 184
Regel 100
Regel, goldene 68
Regenbogen 154
Regulierung 98
Reichtum 166, 170f., 205
Reise 43
Reitz, Adolf 197

Reklame 62
Religion 209, 212
Renan, Ernest 186
Repgow, Eike von 64
Revolution 102
Revon, Charles 64
Rezensent 186
Richtung 95
Riese 48, 78
Rihm, Wolfgang 114f.
Ring 154
Ringelnatz, Joachim 67, 189
Risiko 97
Roddick, Anita 41, 60, 86, 168, 170, 173, 184
Rohstoffe 90
Rollenhagen, Georg 201
Roman 52, 158
Romer, Paul M. 114
Rommel, Manfred 79f., 189
Roosevelt, Franklin Delano 181
Rose 65, 144
Rosegger, Peter 124, 127
Rosenthal, Philip 54, 90, 125, 149
Rousseau, Jean-Jacques 141
Routinearbeit 106
Rüben 70
Rückert, Friedrich 65
Ruf 187
Ruh 53
Ruhm 63, 184
Ruine 179

Russell, Bertrand 53, 86, 88, 107, 117f., 177

Sacks, Oliver 67
Säen 119
Safranski, Rüdiger 210
Sagenkreis 186
Saint-Exupéry, Antoine de 209
Sandkasten 105
Sandkörnchen 83
Sarg 83
Sartre, Jean-Paul 29
Sauerkraut 47
Schachspiel 156
Schaden 49, 82
Schande 197
Schaukal, Richard 101, 110, 139, 143, 156, 213
Schein 59
Schicksal 51, 67, 104, 119, 122, 158, 205
Schiff 103
Schiffbruch 206
Schiller, Friedrich 33, 37f., 50, 57ff., 62, 71, 95, 100, 110, 123, 134f., 137, 142, 145, 149, 154f., 158, 165, 179, 182, 202f., 206, 210, 212, 216
Schirm 170
Schlagfertigkeit 156
schlechte Zeiten 144
Schlegel, Friedrich 59, 94

Schmerz 208
Schmidt, Arno 211
Schmidt, Helmut 123, 142
Schnee 186
Schneyder, Werner 67, 80
Schnitzler, Arthur 28, 84, 95, 111, 115, 119, 151, 192
Scholl, Hans 52
Scholz, Wilhelm von 117, 124
Schopenhauer, Arthur 34f., 38, 63, 74, 87, 97, 166, 173, 206
Schöpfung 146
Schoßhund 152
Schreckbild 42
Schritt 147
Schröder, Gerhard 44
Schuldenmacher 178
Schwätzer 147
Schweigen 70, 136
Schwein 192
Schweißtropfen 24
Schweitzer, Albert 29, 74, 89, 147, 193
Schwierigkeiten 102
Scott, Walter 40
Seewasser 173
Segel 24, 66
Seher 60
Selbstbeherrschung 156
Selbstmanagement 26
Selbstorganisation 26

Seneca, Lucius Annaeus 36, 126, 171, 189, 216
Servan-Schreiber, Jean-Jacques 71, 90
Servicefaktoren, weiche 77
Seume, Johann Gottfried 38, 99, 192
Shakespeare, William 63, 72, 139, 151, 157f., 167, 200f.
Shaw, George Bernard 129, 198
Sicherheit 46
Siemens, Werner von 94, 109f., 112, 117
Sinn 118, 212
Sintflut 91
Smith, Adam 123
Smith, Frederick W. 204
Smith, Sydney 136
Socke 165
Söhler, Karl-Heinz 28, 200
Söhnker, Hans 49
Sokrates 29, 90, 129
Sommer, Ron 92f., 113f., 162
Sorge 51, 150
Spaak, Paul Henri 153
Sparmaßnahmen 149
Spekulation 119
Spiegel 208
Spiel 110, 115
Spitzenmanager 121
Sprache 146

Spruch 8, 23
Staatspapierkurs 168
Standardisierung 98
Star 65
Statistik 180ff.
Statussymbole 69
Staub 53, 98
Steak 173
Stein, Gertrude 144
Stephan, Kilian Emmerich 171
Sterne 69
Steuern 176
Stevenson, Robert Louis Balfour 30
Stiefel 61
Stil 78
Stollmann, Jost 63
Stolz 204
Storm, Theodor 67, 214
Strindberg, August 126
Stroh 165
Studienreise 106
Stumpfnase 137
Stütze 133
Südbahnhof 122
Sünde 68
Suppe 147
Swift, Jonathan 47
Systematiker 64

Talent 124, 160
Tat 33, 93
Tat, böse 149

Tati, Jacques 194
Tätigkeit 46, 53
Tatsache 102
Teamarbeit 131ff.
Technik 118, 160ff., 165
Techniker 160
Technologie 87, 90
Telefon 139
Temperament 192
Teufel 34, 133, 186, 204
Theorie 125
Theresia von Lisieux 32
Thiess, Frank 46
Thomas von Aquin 176
Thomson of Fleet, Roy Herbert 27
Tieck, Ludwig 156
Tiefe 93
Tiere 135
Tod 176
Toleranz 132, 191
Tollheit 151
Torheit 176
Tradition 100
Trägheit 176
Transpiration 42
Traum 41
Trøjborg, Jan 113
Trost 210
Trümmer 207
Tucholsky, Kurt 28, 83, 153, 179
Tugend 127
Turgenjew, Iwan 33

Stichwort- und Autorenverzeichnis

Twain, Mark 31, 35, 52, 67, 89, 156f., 163, 170, 173, 190, 198

Übel 150
Übellaunigkeit 194
Überleben 86
Überstunden 28
Überzeugung 43, 56, 103, 108
Überzeugungskraft 71
Uhr, stillstehende 202
Uhse, Beate 29, 45, 74, 85, 106, 148, 173, 175
Umsatz 174
Unbestechlichkeit 67
Undank 195
Ungehorsam 212
Ungerechtigkeit 87, 191
Unglück 50, 198, 201f., 205, 208
Unglücksfälle 206
Unheil 201
Universalgeschichte 119
Universum 54, 200
Unkraut 66
Unrecht 30, 80
Untergang 102
Unterwerfung 134
Unzufriedenheit 33, 42
Urteil 80
Urteilen 138
Ustinov, Peter 196
Utopie 89f.

Valentin, Karl 44, 67
Vauvenargues, Luc de Clapier 45
Veränderung 62, 99
Verantwortung 86, 89, 148
Verbesserungsvorschlagswesen 106
Verbot 97, 103
Verein 205
Vergebung 193
Vergleich 33
Vergnügen 60, 79
Verhandeln 153ff.
Verkaufen 69ff.
Verlust 192, 200
Vernunft 101, 189
Verstand 199, 205, 207, 212
Versuch 101
Vertrag 153ff.
Vertrauen 74
Vertrautheit 216
Vertrieb 69ff.
Vischer, Friedrich Theodor 132
Vogel 214
Volkswirtschaft 172, 179
Vollkommenheit 102, 192
Voltaire 61, 151, 179
Vorläufer 62
Vorschriften 141
Vorsicht 45, 159
Vorteil 60
Vorurteil 80, 138, 215
Vorwürfe 76

Waggerl, Karl Heinrich 27, 62, 65, 86, 106, 142, 147, 150, 155, 192, 196, 199
Wahn 215
Wahrheit 43, 76, 83, 96, 101, 108, 181, 186, 189, 193, 197, 202, 209, 215
Wahrheit, wissenschaftliche 106
Wald 214
Ware 72
Warnungen aussprechen 146ff.
Wassertopf 76
Watson, Thomas J. 97
Weber, Max 108
Wechsel 166
Weerth, Georg 115
Weisheit 110
Weizsäcker, Carl Friedrich von 88, 100, 186
Wells, Herbert George 51
Welt 95, 107
Weltgeschichte 119, 149
Weltraum 211
Weltschmerz 141
Weltuntergang 207
Wendeltreppe 24
Werbung 57ff.
Werfel, Franz 47
Wert 126, 175
West, Mae 68
Westwood, Vivienne 59

Wettbewerb 60, 68
Wettbewerb, globaler 92
Widerspruch 15, 75, 104, 213
Widerwärtigkeiten 193
Wiedeking, Wendelin 84
Wiedergutmachung 201
Wiederholung 99
Wieland, Christoph Martin 178, 214
Wilde, Oscar 32, 34, 79, 112, 157, 166, 175, 180, 185, 187, 204, 212
Wilder, Billy 65
Wilhelm von Oranien 61
Willensstärke 31
Winckelmann, Johann Joachim 167
Winter 47
Wirklichkeit 116f.
Wirkung 85
Wirtschaft 69, 179
Wirz, Adolf 59
Wissen 45, 54, 109, 117, 124
Wissenschaft 108
Wissenschaftlichkeit 149
Wittgenstein, Ludwig 57
Wohl, öffentliches 89
Wohlstand 63, 90
Wolfram von Eschenbach 55
Wollust 151
Wondratschek, Wolf 144
Wort 57f., 136, 195

Wurm 74
Würste 184

Young, Edward 34

Zahlungsfähigkeit 71
Zäune 46
Zehn Gebote 211
Zeiten, schlechte 144
Zeitgeist 59
Ziegelstein 84
Ziel 43, 82
Zitat 10, 56
Zivilisation 122, 163, 165, 172

Zorn 189
Zuckmayer, Carl 52
Zufall 68, 101, 115, 199
Zukunft 49
Zukunftsfähigkeit 97
Zusammenarbeit 131ff.
Zusammenbruch 26
Zweifel 55, 109, 151
Zweig, Stefan 147
Zwerg 78
Zwilling 151
Zynismus 144

Für mehr Gelassenheit im Job

Lernen von der Natur

So wie die Lotusblüte Schmutz abweist, können Sie Ärger einfach an sich abperlen lassen. Hier erfahren Sie, welcher Ärgertyp Sie sind und welche Hilfsmittel für mehr Gelassenheit es gibt. So reagieren Sie souveräner und sind dadurch erfolgreicher.

€ 19,80
192 Seiten I Buch
978-3-448-09279-0
Bestell-Nr. E00207

Jetzt bestellen! 0180 - 50 50 440*
oder in Ihrer Buchhandlung

*0,14 €/Min. aus dem deutschen Festnetz, abweichende Mobilfunkpreise. Ein Service von dtms.

www.haufe.de/bestellung

Der schnelle Weg zur Vorsorge

So können Sie sich und Ihre Familie absichern!

Hier erhalten Sie alle notwendigen Formulare und Musterschreiben um rechtssichere Dokumente zu erstellen, inkl. Anmeldung bei Vorsorgeregister. Besonders praktisch: Die gelochten und perforierten Seiten ermöglichen Ihnen das direkte Ausfüllen und Abheften in den eigenen Unterlagen.

€ 7,95
ca. 50 Seiten
978-3-448-09317-9
Bestell-Nr. E07189

Jetzt bestellen! 0180 - 50 50 440*
oder in Ihrer Buchhandlung

*0,14 €/Min. aus dem deutschen Festnetz, abweichende Mobilfunkpreise. Ein Service von dtms.

www.haufe.de/bestellung

TaschenGuides – Qualität entscheidet

Bereits erschienen:

Der Betrieb in Zahlen
- 400 € Mini-Jobs
- Balanced Scorecard
- Betriebswirtschaftliche Formeln
- Bilanzen
- Buchführung
- Businessplan
- BWL Grundwissen
- BWL kompakt – die 100 wichtigsten Fakten
- Controllinginstrumente
- Deckungsbeitragsrechnung
- Einnahmen-Überschussrechnung
- Finanz- und Liquiditätsplanung
- Die GmbH
- IFRS
- Kaufmännisches Rechnen
- Kennzahlen
- Kleines Lexikon Rechnungswesen
- Kontieren und buchen
- Kostenrechnung
- Mathematische Formeln
- VWL Grundwissen

Mitarbeiter führen
- Besprechungen
- Führungstechniken
- Die häufigsten Managementfehler
- Management
- Managementbegriffe
- Mitarbeitergespräche
- Moderation
- Motivation
- Projektmanagement
- Spiele für Workshops und Seminare
- Teams führen
- Workshops
- Zielvereinbarungen und Jahresgespräche

Karriere
- Assessment Center
- Existenzgründung
- Gründungszuschuss
- Jobsuche und Bewerbung
- Vorstellungsgespräche

Geld und Specials
- Die neue Rechtschreibung
- Eher in Rente
- Energie sparen
- Energieausweis
- IGeL – Medizinische Zusatzleistungen
- Immobilien erwerben
- Immobilienfinanzierung
- Sichere Altersvorsorge
- Geldanlage von A-Z
- Web 2.0
- Zitate für Beruf und Karriere
- Zitate für besondere Anlässe

Persönliche Fähigkeiten
- Allgemeinwissen Schnelltest
- Ihre Ausstrahlung
- Business-Knigge – die 100 wichtigsten Benimmregeln
- Mit Druck richtig umgehen
- Emotionale Intelligenz
- Entscheidungen treffen
- Gedächtnistraining
- Gelassenheit lernen
- Glück!
- IQ-Tests
- Knigge für Beruf und Karriere
- Knigge fürs Ausland
- Kreativitätstechniken
- Manipulationstechniken
- Mathematische Rätsel
- Mind Mapping
- NLP
- Peinliche Situationen meistern
- Schneller lesen
- Selbstmanagement
- Sich durchsetzen
- Soft Skills
- Stress ade
- Verhandeln
- Zeitmanagement

Kommunikation
- Business English
- Business Talk English
- E-mails in English
- Gesprächstechniken
- Grüße und Glückwünsche
- Körpersprache
- Konflikte im Beruf
- Meetings in English
- Nein sagen
- Präsentieren
- Presentations in English
- Rhetorik
- Schlagfertig – die 100 besten Tipps
- Schlagfertigkeit
- Sicherer Umgang mit dem Chef
- Small Talk
- Small Talk English
- Telefonieren

Marketing
- Kundenakquise
- Marketing
- Verkaufen

Ihr Recht
- Abmahnung und Kündigung
- Antidiskriminierung (AGG)
- Arbeitslosengeld II und Sozialhilfe
- Arbeitszeugnisse
- Betreuung
- Bußgeldkatalog
- Elterngeld
- Elternunterhalt
- Hartz IV und Alg II
- Mietrecht für Mieter
- Patientenverfügung und Vorsorgevollmacht
- Pflegeversicherung
- Richtig vererben
- Sozialleistungen von A-Z

TaschenGuide Recht
- Arbeitsrecht
- BGB
- Gesellschaftsrecht
- Steuerrecht

TaschenGuide Trainer mit CD-ROM
- Betriebswirtschaftliche Formeln Trainer
- Betriebswirtschaftliches Rechnen mit Excel Trainer
- Bilanzen Trainer
- Buchführung Trainer
- Business English Trainer
- BWL Grundwissen Trainer
- Führungstechniken Trainer
- Gedächtnis Trainer
- Geschäftsbriefe nach DIN
- Gesprächstechniken Trainer
- IFRS Trainer
- Kaufmännisches Rechnen Trainer
- Kennzahlen Trainer
- Kostenrechnung Trainer
- Management Trainer
- Präsentieren mit PowerPoint Trainer
- Projektmanagement Trainer
- Reden Trainer
- Schlagfertigkeit Trainer
- Selbstmanagement Trainer
- Sich durchsetzen Trainer
- Small Talk Trainer
- Verhandeln Trainer
- Zeitmanagement Trainer